武媚娘傳奇

稱霸東亞的隋唐帝國

王擎天　著

目錄

風情萬種的盛世傳奇

推薦序——交通大學通識教育中心
副教授　劉河北

　　若是談起唐朝，你的腦海會先浮現什麼影像？是疆域外擴、文化廣布的輝煌時代？還是史上唯一、謀權稱帝的女皇武則天？無論是史冊上的記載，或是戲劇所搬演的內容，揭示的均是國威遠播的一代盛世。然而，這個璀璨耀目的朝代也有它幽暗封閉的一面，透過本書無死角的書寫，乃可觀其全貌。

　　除了史家的敘述，我們更可藉由認識當代名士及閱讀文學作品來了解當時的社會文化。從各種不同的角度爬梳唐代，可讓我們的視野不侷限於史書，而能有更透徹細微的觀察。正史的史料雖然多為去蕪存菁，保留當代最重要的史事，然而因史家個人看法，或者是當時執政者的立場，觀點難免流於單一，有所闕漏。這時，透過閱覽文學家的作品，往往可補充及豐富史書的不足。文人的創作無論是事實或虛構，其描繪內容與寫作背景大抵脫離不了當代的社會風氣及流行事物。以唐代興盛的文學類型來看，傳奇小說文體的成熟不但深深影響了後代小說與劇本的發展，也恰恰反映了唐代文人熱衷的創作風格和社會盛行的民俗文化。

　　知名導演侯孝賢剛以電影作品《聶隱娘》入選坎城影展最佳導演獎，這部武俠片的劇本即是改編自唐代裴鉶著述的小說集《傳奇》其中一篇。此篇小說以俠義為主軸，內容從聶隱娘

被比丘尼盜走教導其武藝與法術開始，描寫聶隱娘奇異的經歷。這類當時流行的俠義小說，乃肇因於藩鎮割據與遊俠風氣的興盛，於是一系列濟弱扶貧、報恩復仇的故事就在作家精采生動的筆下一一出現，個性不羈、好惡分明的豪俠之士鮮活地呈現在我們眼前。

除了〈聶隱娘〉，傳奇名篇〈紅線〉亦為俠女報恩的故事。紅線最後向薛嵩辭別時自言前世為男兒身，因犯錯被懲罰此世為地位卑微的女婢。由此可知，唐代小說以女子為主角的故事雖多，卻不表示當時的女性地位可等同男性。這些文學作品不僅有趣，對我們了解唐代的文化思想及社會風氣亦大有裨益。

很高興看到王博士繼《賽德克巴萊——史實全紀錄》及《蘭陵王與陸貞傳奇——大動盪的魏晉南北朝》後，再推出最新力作《武媚娘傳奇——稱霸東亞的隋唐帝國》。王博士從不吝分享他的博學廣識，有別於過往史書的艱澀，他用輕鬆而不失沉穩的筆觸寫成此書以饗讀者朋友。快打開這本書，讓王博士生動的文字帶你遊歷唐朝，一覽當時的萬種風情吧！

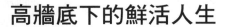

高牆底下的鮮活人生

近來《武媚娘傳奇》在兩岸三地熱播，引起許多關注與討論。作為中國歷史上唯一的女皇帝，武則天不僅是歷代史家研究的熱點，以她為題材的文學、戲劇，乃至於現代的影視作品更是不計其數。

這些不同形式與體裁的媒介，或長或短，或精或劣，對武則天的描繪重點與形塑方向不盡相同：有的指責她是狐媚惑主，穢亂宮廷的狐狸精；有的稱讚她是雄才大略，剛毅敢斷的一代明君；有的推崇她是衝破男權社會束縛，主宰自我命運並成就輝煌帝業的偉大女性；也有的痛斥她陰狠狡詐，殺人如麻，一味追逐權力而不擇手段。

在各種版本的敘事中，呈現了武則天各種各樣的形象，甚至在同一個文本裡，也會因為她特殊而戲劇性的經歷，而出現紛雜的樣貌。這樣的多元性與矛盾性，除了反映不同時代與背景的創作者對史料進行篩選，汲取前人作品中的部分元素後，再進行加工的主觀過程，其實也彰顯了武則天本身所具有的複雜性，以至於後世論者的立場不同，評價也就分歧，褒貶兩極。然而，也正是這個原因，才吸引這麼多人前仆後繼投入有關武則天的創作與研究；而我，亦是其中一員。

對武則天的興趣，一開始是萌芽自二十年前，潘迎紫主演的《一代女皇》。時至今日，劇中情節早已印象模糊；但從那時起，每當在書店見到武則天的書籍，總要買回家捧讀一陣，

陸續改編的影劇，也都趁著公務繁忙的空檔時偷閒觀覽。隨著對武則天越來越熟悉，我對其置身的唐朝也漸漸產生濃厚的興趣：究竟是什麼樣的時代背景，才能孕育出這麼一個前無古人，後無來者的傳奇女皇？與此同時我也深感好奇，在古代史籍大多記錄男性事蹟的情況下，那些極少數被載於史冊的女性中，除了武則天，還有哪些人物也在政治上有過傑出表現。

　　我的上一部史學著作《蘭陵王與陸貞傳奇——大動盪的魏晉南北朝史》出版後，立即得到許多讀者的迴響。讀者告訴我，書中深入淺出的敘述，以及幽默的口吻，讓原本混亂紛雜、難以啃讀的魏晉南北朝史，一下子成了逸趣橫生的精采故事；因此建議我下一部書也可以比照同樣的風格。所以，在這部《武媚娘傳奇——稱霸東亞的隋唐帝國》中，我也以詼諧的筆調，來闡述這一段波瀾壯闊的歷史，並首度嘗試在史實的基礎上，加入現代用語及小說筆法來呈現。

　　雖然有著時空的隔閡，然而，對於權力的追逐、情感的渴望和自我的探尋所衍生出的喜怒哀樂，以及不斷上演的愛憎情仇，都是那麼真實而貼近現在的我們。褪去那些因學術專業化而築起的高牆，歷史其實就是一則又一則的生動故事，一段又一段的鮮活人生，只待你去發掘其中趣味！

王擎天　於台北上林苑

歡迎至擎天部落格 *chintian.pixnet.net* 分享你的歷史觀點

第 一 部
胡旋亂舞隋唐史

第一章　很快就掰的隋朝：文帝～煬帝

　　公元581年，楊堅建立隋朝，結束了中國自魏晉南北朝以來長期混亂的局面。從楊堅專政到稱帝，前後不過十個月光景，因此史家岑仲勉曾說，沒有人像他一樣那麼容易就得國。北周宣帝病逝後，楊堅等人祕不發喪，近臣劉昉、鄭譯等人假傳聖旨由楊堅輔政。不久，各地勢力相繼起事，楊堅派出韋孝寬、王誼等迅速平定叛亂，又誅殺北周宗室諸王。公元581年，北周靜帝以楊堅眾望所歸，下詔宣布禪讓，楊堅假意推辭了三次才接受，改元開皇，定國號「隋」。公元589年，他揮兵南下，滅掉南方的陳朝，統一全國。同年，琉球群島歸降隋朝，突厥可汗尊楊堅為天可汗，表示願為藩屬永世歸順。至此，中國又重新回到和平年代。

第一次創業就上手：隋文帝楊堅（541～604）

　　楊堅出生時，也和許多帝王一樣有祥雲出現，天空籠罩紫色光芒。初唐時的李延壽曾經說他「鬚髯濃密茂盛，身高七尺八寸，狀貌瑰偉，武藝絕倫且膽識過人」。陳後主聽說楊堅長得雄壯威武，不像是一般人，好奇之下就叫人帶回楊堅畫像，沒想到一見畫像，他嚇得跌坐在地，大叫著要人把畫像移走。漢族出身的楊堅，鮮卑姓氏為普六茹，鮮卑小字為那羅延，意即「金剛不壞」。他得權後，結束宇文泰的鮮卑化政策，讓改姓的漢人得以恢復漢姓。

　　文帝一登基，就開始施展他的雄才大略，進行一系列重大改革。政治上，先是設立「三省六部」，中央設內史、門下、尚書三省。內史省是決策機構，針對軍國大事、重要官員的任免等事項，替皇帝起草詔書；門下省是審議機構，負責審核朝臣奏章，如果有不妥當之處可以予以駁回，稱為「封駁」；尚書省則是執行機構，負責把皇帝的詔令及各行政機構頒布的政令，轉發到中央各部門及地方州縣，下設吏、民、禮、兵、刑、工六部。三省分工行使宰相職能，輔助皇帝處理全國事務，唐朝亦沿用這套制度。

　　大刀闊斧的改革不僅止於中央，文帝也把手伸向地方。有鑑於南北朝的政區劃分不僅繁雜、混亂，支出也很龐大，他便將原先的州、郡、縣三級制，改為州、縣二級制——州設刺史，縣設縣令，以確立中央官制及簡化地方行政層級，使行政效率增加，更簡省大量經費。文帝在位時全國行政費用大約僅是南北朝時代的三分之一。楊堅亦致力於整肅吏治，曾將貪污的官員二百餘人免職，各地官吏紛紛自清。

　　在律法方面，文帝認為前朝多酷刑，遂修訂刑律，命蘇威等人編纂《開皇律》，律文僅五百條，極為簡要。之後，他下令減省刑罰，廢除前代梟首、車裂、鞭笞等酷刑，除了謀反罪，一律不用滅族之刑。刑名分死、流、徒、杖、笞，死刑只設絞、斬二等。此外，又有「十惡不赦」之條，十惡包括：謀大逆、謀叛、惡逆、不道、大不敬、不孝、不睦、不義、內亂等，凡有犯者皆從重治罪，均不赦免。公元592年，文帝又下詔，死囚必須經過大理寺復審，各州縣不得自決死罪，亦不得

在當地處決，同時又規定死罪須經過三次奏請才能行刑。民眾若有冤屈，可以逐級上訴，直至訴至朝廷。處置犯人的審慎態度，極為有效地防止了冤案的發生。

五胡亂華以來，南北分裂達二百七十年之久，民生困苦，國庫空虛，因此，隋文帝自開國以來即以富國為首要目標。經濟上，統一度量衡，新鑄五銖錢，並取消鹽、酒專賣，其後多次減稅，減輕人民負擔，促進國家農業生產，穩定經濟發展。

國家要能持續發展，需要穩定的經濟來源，因此稅收非常重要。然而，自魏晉南北朝以來，為了逃避納稅，民間多有隱匿戶籍的情況，造成稅收不穩。對此，文帝下令實行「大索貌閱」，根據年齡和相貌來檢查戶口，看有沒有隱匿人口或虛報年齡，並接納尚書左僕射高熲之建議，推行「輸籍法」，作全國戶口調查，由政府規定農戶的等級，從輕徵收租稅，使得依附豪強地主的農民紛紛脫離，向政府報戶口、繳租稅，讓國家稅收大幅增加。

文帝在位時的國力富饒與推行均田制有關，在北齊、北周均田制的基礎上繼續實行。此制度規定，丁男受露田（種植糧食作物）八十畝，永業田（桑田或麻田，種植經濟作物）二十畝，婦女受露田四十畝。永業田不歸還，可留給子孫，露田則在人死後歸還國家。文帝派人到各地實行均田法時，富豪們多想方設法抵制，甚至有人趁機叛亂，他便發兵鎮壓，沒收其田地後再分給無地的農民。文帝也鼓勵農民往地廣人稀的地方墾荒，使得全國耕地面積大增。因為實施均田制，使得國家可以控制更多的勞動力，增加賦稅收入，又能穩定經濟發展，打擊

豪強，對隋朝中期的經濟發展影響重大。

　　為了儲備糧食，文帝廣設官倉和義倉。隋朝都城在長安，由於關中糧食短缺，需依賴關東漕運接濟，所以他於洛州等地設立官倉，貯存關東運來的糧食，來供養政府的軍公人員，並建廣通渠，便利關中漕運。此外，他也在民間設義倉，儲糧由人民捐納，以備饑荒時賑濟災民，對百姓而言是一項生活的有力保障。據唐人的估計，文帝末年諸倉所存的食糧，已可供政府使用五至六十年。

　　軍事上，文帝改變府兵制初設時兵農分離的情況，轉為和平時期府兵耕地種田，並在折衝將軍領導下進行日常訓練；戰爭發生時，則由朝廷另派將領聚集各地府兵出征，這種「兵農合一」的制度，平時可藉由農耕來鍛鍊軍人體力，又可提升農作物產量，可說是一舉兩得。

　　用人制度上，楊堅開創科舉的先河。即位後，他廢除以前的九品中正制，選官不問門第，並規定各州每年向中央選送三人，推薦的標準是文采華美，還要參加秀才、明經等科目的考試，合格者即可錄用為官。科舉制度把讀書、考試、做官三者串聯起來，無論是官宦子弟或是貧寒人家，都可以以此進仕，打破了魏晉南北朝以來，士族門閥壟斷官職的局面，讓大批平民百姓為了獲取官位而努力讀書，對社會安定頗有助益，也加強了中央政權的統治力量。

　　隋文帝開國以來實行的一系列改革，從中央、地方政治制度、律法、經濟、軍事、用人制度等，都為隋朝國力發展奠下基礎，國庫豐積，政績斐然，史稱「開皇之治」。而楊堅的治

國策略、典章制度也是後代君主每每借鑑的。

可惜，雄才大略的文帝到了晚年，卻開始濫殺大臣、苛刻刑法，企圖獨裁天下，使大臣疏遠、百姓惶恐。晚年易儲的重大決定，更使隋朝步入衰途。公元604年，隋文帝楊堅病逝於仁壽宮大寶殿，享壽六十四歲。

敗家的富二代：隋煬帝楊廣（569～618）

文帝原本是立長子楊勇為太子，楊勇為人忠厚善良，但生活奢華，因而受到勤儉的文帝厭惡，常告誡他要以儉約自持。次子楊廣是個聰明伶俐又有才華的大帥哥，為博得文帝與皇后的歡心，常在他們面前裝得十分樸素。他年少時就常常到各地東征西討，鎮守江南期間，不僅平定叛亂，同時禮賢下士、謙恭謹慎、低調簡樸、不好聲色，因此贏得朝野讚頌和文帝夫婦歡心，可說是人見人愛。後來，文帝決定廢黜長子楊勇，改立楊廣為皇太子。楊廣於公元604年登基為煬帝，實現了他的皇帝大夢。

關於隋文帝的死，有種說法認為是楊廣下的手。當文帝臥病在床，隨時都有可能駕崩，楊廣便寫信給楊素，請教他怎麼處理父親死後的事，沒想到送信人誤把楊素的回信送到文帝手上，文帝看完信後怒不可遏，立刻要楊廣入宮當面責問。這時，楊堅的寵妃宣華夫人也向他哭訴，說楊廣意圖在自己更衣時非禮，他立刻拍床大罵：「這個畜生，我怎能把國家託付給他！」便要大臣柳述、元岩草擬詔書，想廢掉楊廣，重立楊勇為太子。楊廣知道後，就把柳述、元岩關入大牢，讓親信張衡

進入文帝寢殿侍奉，並把爸爸周圍的侍從打發走。不久，文帝便駕崩了，因此有人懷疑是張衡親手殺掉或毒死楊堅的。

或許是害怕哥哥報復，以及其他兄弟爭奪帝位，楊廣即位後，便開始殺兄屠姪、六親不認。先是假傳父親遺囑逼迫哥哥楊勇自盡，弟弟蜀王楊秀也遭到誣陷，說他用厭勝之術詛咒文帝及幼弟漢王楊諒，因而被剝奪官爵，貶為平民，和他的兒子們被軟禁在一起，楊諒也被貶為平民。後來，姪兒長寧王楊儼也被殺，再將楊勇其他兒子貶到嶺南，在路途時全被處死。

煬帝坐上皇位後，延續了年輕時的驍勇善戰，時常親自遠征各地，平定了吐谷渾，使疆域增加五千多里，高昌王伯雅也親自朝見煬帝。但他也不是百戰皆捷，從公元612年起，連續三年對高句麗的遠征就讓他踢到鐵板，甚至埋下隋朝滅亡的種子。為了進攻高句麗，楊堅先後動用人力數百萬，徵調財物無數，大量士兵、民工死於戰場和勞役，造海船的民工日夜站在水中，導致皮膚潰爛甚至生蛆，死傷無數。同時，由於農村中缺乏勞力，導致大量土地荒蕪，社會經濟受到嚴重破壞，人民難以生活，成為隋末農民紛紛起事的導火線。

相較於身為太子時的低調、簡樸，即位後的煬帝，不知是本性顯露，抑或權力薰心，變成一個好大喜功、窮奢至極的傢伙，把隋文帝攢下的家底揮霍得一乾二淨。從繼位開始，他先後徵調上百萬人，以六年時間開鑿邗溝、通濟渠、永濟渠和江南河等運河。又徵調勞力二百萬人，歷時十個月，營建東都洛陽，還下令大修宮殿，從長安到江都，離宮別館多達四十多所，過著驕奢淫逸的生活。為了南遊揚州，煬帝甚至建造了

高四十五尺，寬五十尺，長二百尺的龍舟，上頭的船士有八萬人，船隊長達二百餘里，周邊都有騎兵護衛，以及陪伴的諸王百官、后妃宮女等一、二十萬人，經過州縣時，五百里內都要貢獻食物。當少數民族和外國首領、商人每年一月在洛陽聚集時，煬帝就命人在大街上載歌載舞，綿延八里，動用歌伎將近三萬人，以此誇耀國力。此外，只要西域商人要到市場交易，他便下令整頓市容，裝飾店鋪，擺滿珍貴的物品，連賣菜的都要墊個最高級的龍鬚席。

好大喜功的煬帝在首度親征高句麗失敗後，覺得面子掛不住，便一再親征。各種大型建設使得國庫年年虧空，勞民傷財。晚年為消除強烈的失落感和政務上的壓力，他開始逃避現實，三下揚州，整日杯不離手。銳意盡失的楊廣常常照著鏡子，對蕭后和臣下說：「多好的一顆頭啊！將來不知會被誰砍去？」

年輕時種下的因，在煬帝晚年化成惡果。楊玄感揭竿而起後，各地反叛勢力如星火燎原，人人都想要推翻暴政，取而代之。最終，煬帝於江都被宇文化及所殺，隋朝也來到了末日。

被詛咒的諡號：隋恭帝楊侗與楊侑（604～619，605～619）

歷史上的隋恭帝共有兩位。其中一位是楊侗，他是煬帝長子楊昭的第二個兒子，在位僅一年多，是隋朝最後一位皇帝。

楊侗原本封為越王，駐守東都洛陽。公元618年，隋煬帝被宇文化及殺掉的消息傳到東都後，王世充、元文都、盧楚等人便擁立他為皇帝，國號「皇泰」。楊侗以王世充為吏部尚書，

封鄭國公，與陳國公段達、內史令元文都、內史侍郎郭文懿、黃門侍郎趙長文、內史令盧楚、兵部尚書皇甫無逸等六人共同輔政，人稱「七貴」。這七人並不是合作無間的夥伴關係，他們在私底下角力不斷，暗潮洶湧。七貴之一的元文都想暗殺王世充，沒想到段達暗中通知王世充，結果行刺失敗。元文都臨死前對楊侗說：「我今天死了，陛下您也危在旦夕。」

隔年，王世充廢了楊侗，將他囚禁在含涼殿。兩天後，王世充自稱「大鄭皇帝」，改封楊侗為潞國公。知道自己身處朝不保夕的困境中，楊侗只能每天求佛祈福，尋求心靈慰藉，卻仍然無法逃出死劫。王世充即位後沒多久，就派姪子和家僕，攜帶毒酒去拜訪楊侗，楊侗自知難逃一死，說了遺言：「希望下輩子不要再生在帝王家了！」便將毒酒一飲而盡，沒想到竟沒毒發，最後被人縊死，死的時候才十六歲。

另一位恭帝則是楊侗的弟弟代王楊侑。當年煬帝遊歷江南時，曾讓他留守長安。隋朝末年，天下大亂，各路豪傑分據四方。李淵打著勤王定亂、迎回隋天子的旗幟，開始擁兵自立，得到李氏宗族、姻親的響應。他一邊招降叛軍、流寇，一邊派親族迅速進兵，趁著煬帝南下之際，起兵攻克長安，立楊侑為傀儡皇帝，尊楊廣為太上皇。楊廣被殺後，李淵覺得楊侑已經沒有用處了，就逼楊侑禪位給自己，稱帝建唐，封楊侑為酅國公，閒居長安。不過楊侑這酅國公也沒當多久，第二年就死了。死因不明，那年他才十五歲，膝下無子，同宗親族還過繼一子給他。

兩位隋恭帝，一個在長安、一個在洛陽，這都是隋末割據

勢力為了奪權的一種手段，當傀儡皇帝失去利用價值，也就是生命結束的時刻了。

　　隋朝歷經文帝楊堅的輝煌開國，煬帝楊廣的勞民傷財，最後由兩位恭帝落魄收場，期間雖然只有短短三十八年，卻是上承魏晉南北朝，下開唐朝盛世的一個重要朝代，唐朝的政治、經濟、軍事、用人等各種制度的起源，大部分都可以追溯到隋朝，影響後代至深。

隋朝主要事件

文帝	
581	楊堅建隋；楊勇為太子。
583	制定租庸調法。
587	創科舉制。
590	改革府兵制，採兵農合一。
600	廢太子楊勇，更立楊廣。
604	文帝駕崩。
煬帝	
604	楊廣即位。
605	開始修建大運河。
612	第一次征高麗，慘敗。
613	楊玄感起事，亂平；第二次遠征高麗，又敗。
617	李淵起兵，攻陷長安，立楊侑為傀儡皇帝。
618	宇文化及殺煬帝，隋滅。

第二章　從創業到跨國集團：高祖～太宗

　　隋煬帝被殺後，李淵接受隋恭帝楊侑的禪讓，稱帝為王建立唐朝，中國歷史步入最輝煌的時代。經過玄武門之變的手足相殘後，李世民登基為唐太宗，他勤於聽政、虛心納諫、厲行節約，使百姓能夠休養生息，並開疆拓土，被西域諸國尊為「天可汗」，是中國史上少見的明君，開創了中國歷史上著名的「貞觀之治」，為後來高宗、武后、玄宗一百多年的盛世，奠定了重要基礎。

雀屏中選的阿婆：唐高祖李淵（566～635）

　　隋文帝在位時，李淵是皇帝的禁衛武官，和皇室有姻親關係，曾隨隋文帝滅陳，後擔任隋朝多項重要官職：隋煬帝北征高麗時，李淵負責督運，楊玄感之亂時，煬帝詔李淵為弘化留守。從他參與了隋朝諸多大事，可知李淵與隋朝宗室關係密切，但他趁機招攬人才的舉動引來隋煬帝猜忌，為了自保，他塑造自己有酗酒、受賄的惡行，才使楊廣消除懷疑。

　　隋滅唐立之後，各路諸侯仍然分據山頭，在兒子李世民、李建成、李元吉和平陽昭公主的幫助下，唐高祖李淵用了十年時間才消滅群雄，而殘餘勢力則直到太宗李世民即位兩年後才完全被殲滅。

　　高祖的治國策略，為日後太宗的「貞觀之治」奠下了重要的基礎。官制上，他沿用隋朝的三省六部制；經濟上，頒布均

田制，減輕稅賦，讓隋末倍受壓迫的人民，獲得喘息的機會；律法上，廢棄隋煬帝的許多苛政，頒布《武德律》。

得到天下後，李淵沒有兔死狗烹，反而更加尊重屬下。每次上朝時，他都自稱名字，還請高階官員和他同坐在一條榻上。劉文靜曾勸諫他要注重君臣、尊卑的分際，他說：「假如太陽的高度和地上萬物一樣，那麼一切生物又怎麼仰賴太陽的照耀呢？」高祖卻回答：「過去東漢光武帝與嚴子陵同睡一張床，嚴子陵還把腳伸到他的肚子上。而今各位大臣既是德高望重的舊同僚，也是我的好朋友，過去的情誼怎能忘懷？」

李淵子嗣眾多，總共有二十二個兒子，十九個女兒，以親身實踐來鼓勵大家增產報國。他的妻子竇氏相貌艷麗且聰明過人，父親是北周大將竇毅，母親是北周武帝的姊姊襄陽長公主。相傳竇氏一生下來，頭髮就長過肩頸，三歲時，一頭烏黑秀髮就幾乎跟身高一樣長。她喜歡讀書，還有過目不忘的本領。因為女兒如此內外兼具，父親自然不甘將女兒許配給凡夫俗子。因此，竇毅在屏風上畫了二隻孔雀，給每一位求婚的男子兩支箭，讓他們射孔雀，竇氏則躲在幃幕後面偷看是否有中意的人。前後數十位求婚者都沒能射中那孔雀，這時李淵來了，他拉開弓箭，憑著準確的眼力與勁道，竟然兩發都成功射中孔雀的眼睛。竇毅十分高興，李淵順利抱得美人歸。這段佳話，就是成語「雀屏中選」的由來。

李淵與竇氏鶼鰈情深，妻子便是他最好的心靈支柱，有一次，隋煬帝大宴群臣，因為李淵的臉上有皺紋，隋煬帝便戲謔地稱他為「阿婆」，讓李淵很不開心，竇氏就安慰他說：「這

可是吉兆，你封於唐，唐就是『堂』，阿婆就是堂主（唐主）啊！」李淵才笑顏逐開。然而，他們的夫妻緣分不長，竇氏死時才四十五歲，生前為李淵生下四男一女，她應該想不到，自己的兒子們，最後竟然會因為爭奪王位而手足相殘，甚至丈夫也被迫退位。

高祖即位後，封長子李建成為太子，次子李世民為秦王，四子李元吉為齊王（李玄霸早夭）。李淵能稱帝，三個人當中李世民功勞最大。他不但有勇有謀，手下還有一批人才，在秦王府中，有房玄齡、杜如晦等文人，號稱十八學士；還有尉遲敬德、秦叔寶、程咬金等著名武將。

建成的戰功不如李世民，只因他是李淵的大兒子，才取得太子的地位，而且秦王身邊又有這麼多人才輔佐，對弟弟的忌憚與妒忌與日俱增，便和元吉聯合一起排擠李世民。兩人從父親的寵妃下手，經常對她們逢迎拍馬、送禮討好；但李世民卻沒有這樣。有的妃子曾私下向他索取隋朝宮廷裡的珍寶，或是為親戚謀求官位，都被李世民拒絕了。久而久之，寵妃們便在高祖面前說太子的好話，數落秦王的不是。

建成和元吉想害李世民，但又怕他手下勇將多，真的動起手來，恐怕占不到便宜，就想先把這些人都收買過來。建成曾想用財物收買尉遲敬德、段志玄等人，都沒有成功。被尉遲敬德拒絕後，建成氣得要命，某天夜裡，元吉派了刺客去尉遲敬德家，但尉遲敬德早就料到他們不會放過自己，便故意把大門打開，刺客溜進院子偷看，只見他斜靠在床上，身邊放著長矛。刺客知道尉遲敬德的名氣，怕他早有防備，沒敢動手就溜

回去了。

　　除了醜化秦王的形象，想辦法除掉他才是最終目標。有一次，建成請李世民到東宮去喝酒，他喝了幾盅，忽然感到肚子劇痛，別人把他扶回家裡，經過一陣疼痛，竟嘔出血來。李世民心裡明白，一定是建成在酒裡下了毒，便趕快服藥治療，才慢慢好了。

　　一計不成，建成與元吉又生一計。突厥進犯中原時，建成向李淵建議，讓元吉代替李世民帶兵北征。李淵任命元吉做主帥後，他又請求把尉遲敬德、秦叔寶、程咬金三員大將和秦王府的精兵都劃歸自己指揮，他們計算著，只要把這些武將調開，就可以對李世民大開殺戒。然而，有人把這個計畫密報秦王，他連忙找自己的妻舅長孫無忌和尉遲敬德商量，兩人都勸他先發制人。當天夜裡，李世民進宮向父親密奏，說建成跟元吉淫亂後宮，並且意圖加害於他。李淵答應明早叫兄弟三人一起進宮，由他親自查問。第二天早上，李世民叫長孫無忌和尉遲敬德帶了一支精兵，埋伏在皇宮北面的玄武門，只等建成、元吉進宮。玄武門是長安太極宮的北門，是宮廷衛軍司令部的所在地，具有堅強的工事與雄厚的兵力；因為玄武門駐軍的實力遠較首都城防的軍力大，誰能占據這個地方並運用它的兵力，誰就可以控制整個宮廷乃至整個首都。「玄武門之變」就是李世民利用玄武門的優勢武力，先消滅建成、元吉，再利用它的守軍抵抗東宮、齊府軍隊，最終獲得勝利。

　　本來，李世民密告高祖的事，已經被人提前告訴建成，元吉曾勸他當日不要進宮，靜觀其變，但建成認為隨從的兵備森

嚴，而且玄武門守將又是自己的舊識，進宮無妨。當天早上，建成、元吉騎著馬朝玄武門奔來，到了門邊，突覺氛圍反常，發現有變，因為隨從侍衛都在玄武門外，便立即調轉馬頭，準備離開。這時，李世民從玄武門裡策馬而出，與元吉以箭互射，建成先被射死；緊接著，尉遲敬德率騎兵七十人趕來，與李世民夾擊元吉，元吉也被射死。東宮和齊王府的將士聽到玄武門出了事，全部出動猛攻秦王府的兵士。最後尉遲敬德出示建成、元吉兩人的頭顱，士兵才紛紛退散，秦王取得勝利。

李世民一面指揮將士抵抗，一面派尉遲敬德進宮宿衛。這時，高祖正在御池中泛舟，聽到建成、元吉因為作亂而被殺的消息驚恐萬分。他身邊的朝臣蕭瑀、陳叔達告訴他，只要把國事交給李世民便可無事。事情到了這步田地，李淵要反對也沒用了，只好宣布建成、元吉罪狀，還說「此吾之夙心也」，表示將國事交給世民，是他長久以來的心願，命令各府將士一律歸秦王指揮。

大概是有鑒於隋文帝易儲而亡國的教訓，高祖雖知李世民功勞與人望都比建成高，卻始終沒有更立太子。然而，他眼見太子與秦王兩派勢力明爭暗鬥，卻沒有積極處理，終於導致手足相殘的悲劇。藉由這場政變，李世民消除了建成、元吉的勢力，而進入宮中的尉遲敬德究竟是真的要保護皇帝，或者其實是秦王想以武力威脅父親盡快退位，實在是耐人尋味。總之，玄武門之變的火，終究是燒到李淵身上。

李世民掌控皇宮後，宣稱李建成、李元吉兩人作亂伏誅，再加上群臣的支持和擁戴，李淵被迫將軍國大事交由他來處

理，而建成、元吉死後，不但被追廢為庶人，諸子也遭誅殺，廢除宗籍。三天後，李淵立李世民為皇太子，再過兩個月，便讓了位，自己做太上皇。貞觀九年（635），李淵去世，享年七十歲。

兄弟情深是什麼：唐太宗李世民（598～649）

　　唐太宗本名可能不叫「世民」，據《舊唐書》記載，他四歲時和父親外出郊遊，遇到一位通面相的術士，這位術士先讚美李淵是貴人，又說李世民二十歲的時候，一定能「濟世安民」。李淵聽了很高興，便將兒子改名為「世民」。

　　李世民少年就從軍，驍勇善戰，曾去雁門關營救被突厥人圍困的隋煬帝。隋末，他勸李淵起兵，在反隋過程中，一直是父親得力的助手。李淵建國後，李世民受封為秦國公，後晉封為秦王。唐朝建立時，疆土只限於關中和河東一帶，尚未完全統治全國，李世民親自率部平定眾多割據勢力，在唐朝的建立與統一過程中立下赫赫戰功。

　　由於李世民的威望和官位都日漸高漲，因此被封為「天策上將」。李淵又下詔特許天策府可以成立官屬，李世民便創設弘文館，收攬能人志士入內以備諮詢，與秦王府相結合，儼然一個小內閣。公元626年爆發「玄武門之變」，李淵改立秦王為太子，不久被迫退位，李世民成為皇帝，年號貞觀。

　　太宗是傑出的君主，為帝之後，勤於聽政。史書記載，他把刺史的姓名都寫在屏風上，以便隨時觀看，一知道哪位刺史做了什麼好事或壞事，就立刻寫在名字的下方，還常常派

人到處巡察官員，記錄他們的施政得失。唐朝賢臣眾多，可歸因於李世民的虛心納諫，使他們有發揮的空間，而在眾多朝臣之中，以魏徵最敢言，罵人的次數最多，關於兩人所產生的火花，在本書第三部會有詳細介紹。

太宗與身邊大臣魏徵、王珪、房玄齡、杜如晦、虞世南、褚遂良等人的對答，後來被吳兢收集為《貞觀政要》一書，發揚唐太宗勵精圖治的治國精神。這種君臣上下，齊心努力治國的精神，是古今少見的。

李世民積極聽取群臣意見，以文治天下，使百姓能夠休養生息，社會國泰民安。貞觀二年（628），當時的人口因為隋末戰爭而銳減，此時唐朝只有二百九十萬戶，經李世民君臣二十三年的努力，社會安定、經濟恢復並穩定發展，至唐高宗永徽三年（652），人口達到三百八十萬戶。吳兢在《貞觀政要》中大讚貞觀之治：官吏多以清簡自持，王公貴族不會欺壓百姓；商旅飯店，盜賊不侵，百姓晚上不關門也不會遭小偷；因為治安很好，監獄都空蕩蕩的，判死罪的囚犯也很少；作物年年豐收，糧食很便宜，這種盛世是古今少見的。李世民在位期間，也積極推行府兵制、租庸調制、均田制，並加強科舉制度的推行。

史書記載，李世民年輕的時候力大無比，他的隨身兵器裡，最有名的是一張兩公尺長的巨闕天弓。有一次，李世民帶著一個騎兵一起到前線偵查，經過一處草原高地，因為太累就跟士兵一起睡著了，他們被敵人發現，本來要遭圍殺，這時突然有一條蛇追老鼠，老鼠跑到騎兵臉上，他驚醒時才發現身邊

都是敵人，於是兩人立刻騎馬逃亡，李世民左右開弓，百發百中，成功逃過追擊。即位後，他的驍勇善戰也繼續發揮作用。

貞觀四年（630），李世民令李靖出師塞北，挑戰東突厥在東亞的霸主地位。唐軍在李靖的調遣下消滅東突厥，李世民因此被西域諸國尊為「天可汗」。「天可汗」的意思是天下總皇帝或天下共主，這除了是對唐朝皇帝的尊稱，還是一種有實質意義的國際組織體系，維持了當時各同盟國的集體安全。

太宗時期，唐朝疆域大為擴展。在北方，唐軍滅掉東突厥，漠南成為唐朝勢力範圍，後來又一舉消滅了薛延陀汗國，大漠南北廣大地區都納為領土。唐朝在漠北、漠南設立都護府（督察邊境民族的軍事機構）。在西北，唐朝於伊吾七城設立西伊州，開始經營西域。在青藏高原上，吐蕃日漸興起，吐蕃王松贊干布多次向唐朝請婚，唐太宗便派文成公主和親，兩國甚為友好。

戰功顯赫的唐太宗，卻跟隋煬帝一樣在北征高句麗時失利。為保護唐朝的盟友新羅，貞觀十七年（644），他親征高句麗，眼見似乎大功在即，沒想到在安市（現在的遼寧鞍山）受阻，沒辦法再前行。在這之後，太宗對高句麗的進攻僅維持在一些小規模的突襲。三年後，太宗命令牛進達、李世勣分別從陸路、海路，夾擊遼東半島，一年後，他再派薛萬徹率軍從海上攻打鴨綠江口。原本還想再一次大規模攻高句麗，然而，尚未出兵的時候他就去世了。一直要到太宗死後將近二十年，高宗才聯合新羅滅高句麗，設立安東都護府。

晚年的太宗因國富民強，納諫的氣度不如初期，甚至對朝

臣起了猜忌之心，偶爾也發生誤殺大臣的遺憾，但他大致上仍然頗為克制，也盡力保持虛心納言的風範。這時的太宗也由早年的清靜轉為奢侈，營建宮殿，計劃封禪泰山等，還自我辯解，百姓沒事做就會變得懶散，讓他們勞動就會保持勤快。不過，由於他仍然有反省的能力，所以能自我調整，因此，雖然存在這些過失，終究不至於亡國，維持了貞觀之治的局面。

　　李世民共有十四個兒子，其中三個是和長孫皇后生的，分別是太子承乾、濮王泰和晉王治。承乾小時候聰明可愛，受太宗喜愛，但他長大後有點不良於行，喜愛突厥語和穿突厥服，還常常跟一班朋友聚會嬉戲；而李泰則喜好文學，聲譽頗佳，漸得太宗寵愛。李泰一直想取代承乾為太子，兄弟關係日益緊張，各自擁眾，相互對抗。據傳承乾有「龍陽之癖」，與男寵稱心有特殊性關係，太宗大怒，處死稱心，使得父子關係僵化。雖然如此，但他還是沒有廢承乾的意思，表態太子雖有腿疾但並不影響走路，更何況太子有子，依照禮法，即使承乾先死，也應該立承乾的兒子李象為太子，甚至還詔魏徵擔任太子師。魏徵死後，承乾和泰的鬥爭再起，而承乾荒唐的行徑也日益嚴重，甚至想逆謀殺害弟弟魏王李泰及父親。後來，有人密告太子謀反，查證屬實，李承乾被廢為庶人。李世民原本想要立泰為太子，但因為考量到他的心地凶險又作罷，最後在長孫無忌的運作下，晉王李治被立為太子。廢太子承乾一事，對唐太宗來說是個痛，他痛苦到甚至當眾表演自殺，或許是想到自己早年「被迫」發動的玄武門之變，感傷於自己下一代，為了爭奪帝位而步上自己的後塵。

　　太宗曾撰寫《帝範》十二篇教戒太子李治，總結了他的施政經驗，同時自評一生功過。貞觀二十三年（649），李世民得了痢疾，也有一說是因為他晚年迷信長生不老，服用藥物後中毒，醫治無效，於五十二歲時駕崩，在位總共二十三年。李世民愛好書法，曾經以行書寫碑，稱「飛白」，聞名後世。他尤其喜愛東晉書法大家王羲之的墨寶，還指定以王羲之的《蘭亭集序》作為陪葬品。不過，近年根據考古學家和歷史學者的研究，《蘭亭集序》應該不在李世民的昭陵，而是在唐高宗、武則天所合葬的乾陵之中。

唐朝主要事件：高祖～太宗

高祖	
618	隋恭帝楊侑讓位李淵，唐朝建立。
623	割據勢力基本被消滅。
626	玄武門之變，李淵退位。
太宗	
626	李世民即位。
627	貞觀之治開始
628	梁師都被殺，天下一統。
629	玄奘開始西行。
630	滅東突厥，被西域諸國尊為天可汗。
635	太上皇李淵病逝。
641	文成公主入藏和親。
643	太子李承乾謀反被廢，立李治為太子。

第三章　全家輪流當皇帝：高宗～殤帝

　　承繼著唐太宗打下的雄厚國力基礎，高宗在文治、武功上的努力，使唐朝版圖達到最大，成就了歷史上的「永徽之治」，延續貞觀之治的成果。然而，高宗鍾情於父親的才人武氏，最終卻使得唐朝國祚短暫中斷。武后野心漸顯，公元690年，武則天即位，稱「聖神皇帝」，改國號為周，是中國歷史上唯一的女皇帝。受到武則天稱帝的刺激，中宗、睿宗、殤帝在位期間，女主干政的風氣非常興盛，政治上很不穩定，一直要到玄宗繼位後，造成的餘波才停止。

我才不昏庸：唐高宗李治（628～683）

　　李治年少時就以「仁孝」聞名，性格溫和。在太宗立李治為太子後的幾個月，曾經想改立英勇果敢的李恪，但受長孫無忌強烈反對而未果。

　　高宗性格慈祥，歷史上對他的評價多是「昏懦」，從歐陽脩寫《新唐書》以來，就把他當作昏庸之主，尤其抨擊他受武氏誘惑，使朝廷動盪不安。然而，從高宗的作為來看，這樣的評語似乎不太公允。

　　事實上，太宗晚年因為多次攻打高句麗，損耗國力甚鉅，使得「貞觀之治」的盛世局面出現危機。高宗在正式登基前，就下令停止攻打高句麗以及各大土木工程，還將所占的田宅還給百姓。在他即位的第二年，召集眾地方官詢問，鼓勵臣下就

國計民生發表意見。高宗也善於聽從勸諫，有一次，他出外打獵遇到下雨，就問臣下：「用油布做的雨衣要怎麼樣才能滴水不漏？」臣下說：「如果是用瓦做的，就不會漏雨了。」言外之意，是要勸諫天子不應該再出來打獵遊玩，高宗虛心接受了批評。他也很關心皇帝如何減輕百姓的負擔，就問臣下可以怎麼做？大臣來濟諫言，過多的勞役是人民的一大負擔，要百姓出力怕耽誤農作時間，要百姓出錢會造成經濟負擔，所以應該免除一切不必需的徭役徵發，高宗採納了。他也頗有知人之明，身邊諸多賢臣，如辛茂將、盧承慶、許圉師、杜正倫、薛元超、韋思謙、戴至德、張文瓘、魏元忠等人，大多是自己親自提拔的。

　　高宗也很重視律法，中國現存最完整的成文法典，並與羅馬法齊名的《唐律疏議》，就是在高宗時期由長孫無忌等大臣修訂而成的。這一時期的執法精神是寬平公正，犯罪率很低。有一次，大理寺卿唐臨向高宗報告說：監獄中在押的犯人只有五十多個，其中只有兩人需要判死刑。

　　這時期的軍事成就也不容忽視，李治在位前期，西滅西突厥、東滅百濟和高句麗，先後派大將蘇定方、劉仁軌以及薛仁貴等人經略遼東，最後兵圍平壤，滅了高句麗，並在遼東設立九都督府。後來新羅統一朝鮮半島，與唐朝建立了良好的關係。顯然，太宗沒有實現的夢想，兒子幫他實現了。唐代的版圖，在高宗時達到最大，東起朝鮮半島，西臨鹹海，北達貝加爾湖，南至越南橫山，維持了三十二年。

　　從永徽三年（652），高宗處理高陽公主等人謀反案的果

斷來看，也沒有昏懦之氣。當時，唐太宗李世民的女兒高陽公主與駙馬房遺愛、巴陵公主的駙馬柴令武、高祖李淵的女兒丹陽公主的駙馬薛萬徹、高祖六子李元景等人勾結在一起，密謀發動政變，欲推舉李元景為帝。事跡敗露後，高宗立刻命長孫無忌負責調查，房遺愛供稱主謀是李治同父異母的哥哥李恪。高宗果斷下令，將房遺愛、薛萬徹、柴令武等人斬首，賜李元景、李恪、高陽公主、巴陵公主等人自盡，李恪之弟被廢為庶人，房遺愛之弟遭貶，薛萬徹之弟被流放。

總體來說，高宗在位期間，對內國力增強，永徽三年（652），全國人口就從貞觀時期的不滿三百萬戶增加到三百八十萬戶。而他本人也虛心納諫，關心民生，致力於減輕百姓的負擔；對外，唐代版圖在高宗時達到最大。高宗在文治、武功上的努力，成就了歷史上的「永徽之治」，其政績和太宗不遑多讓。

李治在位三十四年，於弘道元年（683）駕崩，享年五十五歲。

一路開外掛：聖神皇帝武則天（624～705）

本書主角武曌（音照），後世稱武則天或武后，是中國歷史上唯一的女皇帝，但她創紀錄的事蹟不只於此，武曌是即位年齡最大（六十七歲即位），且壽命最長的皇帝之一（享壽八十二歲）。她也是中國皇帝中使用年號最多、密度最高的皇帝：稱帝前掌握實權的六年，使用了三個年號，稱帝的十五年使用了十六個年號，合計共使用十九個年號，平均每個年號使

用不到一年。

武曌得以稱帝，一方面是她本人具有才能和野心，同時又掌有軍政大權，但也因為她遇到一個特殊的時機，若是在儒家盛行的時代，武曌的野心很難實現，因為儒家男尊女卑的看法，在許多方面是足以阻撓的。自魏晉南北朝以來，佛、道漸為思想主流，儒學影響力退燒，道家的自由精神、佛學的眾生平等思想影響整個時代，因此，婦女地位較為平等。武曌年幼時，便跟母親一同禮佛，甚至還做過小尼姑。太宗死後，又在感業寺短暫為尼，所以在她掌權之後，便大興佛法。當時僧尼的勢力可以說是喧赫一時，洛陽白馬寺的寺主薛懷義就是她的男寵之一。武曌也利用佛經（《大雲經》四卷）作為她稱帝的理論依據，稱帝後，就把佛學地位提升，升於道教之上。

武曌也在政治上扶植新興階級，以打擊唐初的功臣集團。她掌權後，就以科舉考試吸納人才，漸漸形成一種新興的統治階級，即位後，於天授元年（690）創「殿試」，在洛成殿親自出題目給考生。她尤其重視「進士科」；進士科是隋煬帝設立的，原本只是唐代取士的眾多考試科目的一種，主要考的是策問，也就是申論，因為武曌本人喜愛文史，漸漸把進士科考試改成完全著重文章好壞。武曌掌權後，朝中官員幾乎都是進士科出身。貞觀年間共錄取進士兩百多人，高宗、武后統治期間共錄取一千多人，平均每年錄取人數比貞觀時增加一倍以上。為了選拔軍事人才，武曌更創「武舉」。她也派出「存撫使」到各地尋覓人材，共舉薦一百多人，不問出身，全部接見，量才任用。這些在武曌支持下得勢的人，都樂於效力盡忠

於她。武曌雖用官位收買人心，但也會罷黜或誅殺不稱職的人。

　　武曌的政績如何？在內政方面，從她以太后臨朝和當皇帝的時間，前後有二十幾年，這麼長的一段時間，如果治理不夠水準，恐怕國家早已出現亂象，之後唐玄宗的開元天寶盛世也不會這麼快出現。她能知人善任，重用狄仁傑、張柬之、桓彥範、敬暉、姚崇等中興名臣。因為武曌用人不看門第，而是看是否有才能，所以特別注意從科舉出身者中選拔高級官吏，大大刺激了一般人讀書學習及參與科舉的熱情。有助於推動文化普及。

　　除了鼓勵農作，減輕稅賦和勞役，她還注意地方吏治，加強對官吏的監督，對於土地被兼併和逃亡的農民，也採取比較寬容的政策。因此，武曌統治時期，社會是相當安定的，農業、手工業和商業都有了長足的發展，戶口也從唐高宗永徽三年（652）的三百八十萬戶增加到唐中宗神龍元年（705）的六百一十五萬戶，人口的高成長率，正是反映武曌時期經濟發展的最佳佐證。

　　然而，因為武曌將大量的心思放在對內鞏固地位上，對外部分，她幾乎將太宗、高宗辛苦經營的安北、安西全部放棄，東突厥也在此時復國了。

　　武曌最為後世所詬病的，就是濫刑，用殘酷的手段對待反對者及假想敵。在她稱帝期間最著名的大獄，首推神功元年（697）的劉思禮案。劉思禮被酷吏來俊臣誣告謀反而被殺，受牽連被殺的還有宰相李元素、孫元通等三十六家，遭流放的有

千餘人。不過，當她的假想敵全部被殺掉後，這些酷吏也就鳥盡弓藏，都被誅殺了。

長安四年（704），武曌重病，臥床不起，數月不臨朝，只有張易之、張昌宗兄弟隨侍在側。宰相張柬之、崔玄暐與大臣敬暉、桓彥範、袁恕己等發動政變衝入宮中，逼武曌退位。中宗復辟後，尊稱她為「則天大聖皇帝」，遷居上陽宮。李顯將國號、官制、旗幟、服色、文字等皆恢復唐制。武曌退位後不久就病死了，享壽八十二歲。

我最深愛的人，傷我卻是最深：唐中宗李顯（656～710）

李顯是武則天所生的第三個兒子，兩位哥哥一個病死，一個被廢為庶人，才輪得到他做天子，並在高宗死後即位，是為唐中宗。中宗本身能力不足，政事皆由武則天決斷，但他想建立自己的勢力，重用妻子韋氏的親戚，武則天對此非常不滿，便將中宗貶為廬陵王並趕出京城。李顯才繼位兩個月，皇帝的位子都還沒坐熱就被趕了下來，從此開始人生中最艱苦的十四年時光。

在被流放時，陪伴在中宗身邊的只有妻子韋氏。如果沒有韋氏的鼓勵及安慰，中宗也許無法堅持活下去，兩人因此培養了深厚的感情。公元698年，武則天在宰相狄仁傑等人的勸說之下，才將中宗再召回京城，並重新立為太子。公元705年，武則天已病重，宰相張柬之因為害怕武則天的男寵張易之兄弟乘機作亂，所以領兵將他們誅殺，並要求武則天讓位給中宗，於是中宗再次坐上皇帝的位子。

中宗復位後，不忘韋氏當時的不離不棄，馬上立她為皇后，並重用其親戚為王使得以韋皇后為首，包含韋皇后的女兒安樂公主、親家武三思等，在朝廷形成一股龐大的政治勢力。宰相張柬之害怕武則天的舊事重演，力勸中宗不可放任韋皇后集團坐大，韋皇后也不是省油的燈，相互傾軋鬥爭之下，太子李重俊及宰相張柬之都被殺。此後韋皇后獨攬大權，中宗昏庸無能，也不加以制止。

有了武則天這個榜樣，讓韋皇后的女兒安樂公主也有心仿效。安樂公主有時會自擬詔書，並將詔書內容蓋住要中宗蓋章，中宗竟連看都不看就蓋章。太子李重俊被殺後，安樂公主一直要求中宗將她立為皇太女以繼帝位，中宗認為不妥，讓韋皇后及安樂公主懷恨在心，下定決心要謀害他，奪取皇位。

公元710年，韋皇后與安樂公主將毒藥放入中宗愛吃的餡餅裡，將他毒死，準備奪取天下。回想當年中宗被軟禁時兩人的鶼鰈情深，這樣的結局看來格外諷刺。

把皇位當博愛座：唐睿宗李旦（662～716）

李旦與李顯相同，二度坐上皇帝位，但與中宗的無奈被迫不同，睿宗是用他獨特的人生哲學，度過當時唐朝政治上的風風雨雨。

史書上評價睿宗「謙恭孝友」、「恭儉退讓」，睿宗讓的功夫真不得了，曾三讓天下；這可不像孔融讓顆梨子這麼簡單，他讓的是皇帝寶座！但也因為這樣，睿宗在政治風暴中得以保全性命。

中宗被武則天廢黜之後，睿宗被立為帝，實際上政事皆由武則天決斷，睿宗不得參與。武則天在政治上已可隨心所欲，不少人紛紛上表請願，希望他登基為帝。睿宗了解大勢所趨，決定將天下讓給母親。武則天登基後，他被降為皇嗣，也就是候補的皇位繼承人。

公元689年，武則天將中宗召回京城，這下可尷尬了，一邊是自己的哥哥，自己又是皇位繼承人，衝突似乎不可避免。此時睿宗再次做出「睿智」的決定，不與哥哥爭奪，化解兄弟間可能發生的衝突。中宗即位後，欲讓睿宗參與朝政，甚至要立他為皇太弟，但都被睿宗辭退，這讓他得以避開了韋皇后的陷害。

公元710年，中宗被韋皇后及女兒安樂公主毒死，導致她們最終被睿宗的三子李隆基、妹妹太平公主所殺。政變後，沒人比睿宗更「應該」當皇帝了，縱然他一如往常一再推辭，但敵不過眾人的強烈要求，終於勉強答應再次登上皇位。

睿宗登基後，面臨了兩個問題，一個是立太子的問題，另一個是李隆基與太平公主間的鬥爭。第一個問題好解決，因為睿宗長子李成器繼承了父親的特色，認為太子之位應讓給誅殺韋皇后有功的李隆基，這下睿宗就沒啥好考慮的，在即位後的第二個月就立李隆基為太子。但是另一個問題就不是那麼好擺平，太平公主作風強橫，在朝廷內擁有不小勢力，企圖獨攬大權，但李隆基絕非省油的燈，睿宗夾在兩人中間，只能盡力維繫這恐怖的平衡。為了不表現出偏袒任何一方，在決定政事上，睿宗一定都會問李隆基及太平公主的意見。這個頭疼的問

題，終於在一次事件中找到了出路。延和元年，天象出現了異常，太平公主藉此天象要睿宗作出讓位或是另立太子的決定，這無疑是她人生中最大的敗筆，因為睿宗聽到「讓」這個字就精神大振，毫不猶豫就決定讓位給李隆基。

睿宗一生三讓天下，一讓母親，二讓兄長，三讓兒子。睿宗到底是個性使然或是懂得閱讀空氣，也許後人可以各自解讀。但這睿智的最後一讓，讓出了輝煌的開元盛世。睿宗於開元四年（716）病逝，享壽五十五歲。

人生只幸福了十八天：唐殤帝李重茂（695～714）

李重茂是唐中宗與韋皇后所生的兒子，又稱少帝，在位時間不足一個月，又沒有掌握實權，故許多史家並不把李重茂當作唐朝的一任皇帝。

韋皇后及安樂公主一心想仿效武則天獨攬大權，兒子李重茂也站在母親這邊，幫助母親對抗最大的政敵太平公主。韋皇后的野心漸漸顯露，公元710年4月開始，不斷有人上書中宗，告發韋皇后及其黨羽有謀反之心，起初中宗還不相信，久了也有了疑心，不過已經為時已晚，韋皇后率先發難，在6月2日將中宗毒死，並於6月7日立李重茂為帝，是為唐殤帝，即位時年僅十六歲。

太平公主怎會吞得下這口氣，暗中與李隆基密謀，於6月20日晚上發動政變，殺得韋皇后措手不及，將其黨羽全數殺光。此時殤帝還不知道他的帝位已經不保，隔天上朝時，太平公主直接走到他面前，不客氣地說：「皇帝寶座不是你這個小娃兒

可以坐的！」殤帝於6月24日被迫退位。從登基到退位，短短十八天的皇帝夢，被現實狠狠地打醒。

他曾舉兵想再奪回帝位，但缺乏縝密的計劃，最終當然是失敗收場，李重茂無路可逃，只好投水自盡，死時年僅二十歲。

唐朝主要事件：高宗～殤帝

高宗	
649	李治登基。
655	廢王皇后，改立武則天。
656	太子李忠被廢，更立李弘。
657	滅西突厥。
659	長孫無忌勢力被剷除。
660	唐和新羅聯合滅百濟。
666	泰山封禪。
667	唐和新羅聯合滅高句麗，唐版圖達到最大。
670	薛仁貴領軍大破吐蕃。
683	高宗病死。
中宗	
683	李顯即位。
684	中宗被廢。
睿宗	
684	李旦登基；徐敬業起兵造反，失敗。
690	睿宗禪位。

武則天	
690	武則天稱帝，改國號周。
698	復立李顯為太子。
705	神龍政變，武后被迫退位。
中宗	
705	中宗再度登基，恢復國號唐。
707	韋后、安樂公主、武三思聯合把持朝政；太子李重俊發動政變，被韋后殺。
710	韋后、安樂公主毒死中宗，立李重茂為帝。
睿宗	
710	李隆基與太平公主發動政變，韋后黨羽盡除，殤帝李重茂被迫退位，睿宗復位。
712	睿宗禪位於太子李隆基。

第四章　盛世就是荔枝吃不完：玄宗

　　唐玄宗李隆基在位長達四十四年，是唐朝在位最久的皇帝。玄宗即位後，一掃武則天以後的政治習氣，任用賢臣，君臣上下悉心格弊，政治風氣為之一變，唐朝再度進入富強康樂的時代，史稱「開元之治」。但長期的太平，使玄宗忘記了創業的艱辛，心思漸漸轉移到享樂上。在位後期因為怠政加上政策失誤，重用李林甫、楊國忠、安祿山等人，導致了後來長達八年的「安史之亂」，為唐朝中衰埋下伏筆。

生於憂患，死於安樂：唐玄宗李隆基（685～762）

　　李隆基是睿宗李旦的三子，母竇德妃。因其諡號為「至道大聖大明孝皇帝」，也有人稱他為「唐明皇」。到了清朝，為避諱康熙的名字「玄燁」，多稱他為「唐明皇」。

　　垂拱元年（685），李隆基生於東都洛陽。出生時其父李旦為帝，母竇氏為德妃。他五歲時，李旦被祖母武則天廢除帝位，遷居東宮。

　　李隆基英俊多藝，儀表堂堂，少年時代就顯出了極有膽識的性格。他七歲時，正是武周時期，武懿宗自認是武則天的姪子，趾高氣揚，根本不把李氏宗室放在眼底。有一次，武氏諸王到朝堂參加聚會，武懿宗看到李隆基的車隊威嚴而整齊，心中不悅，便刻意阻擋車隊。李隆基理直氣壯地責問他：「這是我家的朝堂，關你甚麼事？竟敢阻擋我的車騎隨從！」祖母武

則天知道此事後，不僅未加罪於他，反而更加寵愛。雖然李隆基頗得祖母的歡心，但在長壽二年（693）正月，其母竇德妃卻被武則天祕密殺害，屍骨無蹤。

中宗死後，韋皇后立李重茂為帝，自己則以太后臨朝，軍政要職皆由韋氏子弟擔任，甚至有大臣上書請韋皇后稱帝。當時，最被韋皇后仇視的是殤帝、李旦和太平公主，前兩人顯然是她欲稱帝的障礙，而太平公主則素與安樂公主不合。韋皇后還沒有動手剷除他們，太平公主、李隆基便先發制人，殲滅韋皇后、安樂公主一派黨羽。李隆基策劃政變的事，父親李旦事先不知情，次日李隆基便迎父親輔政，自己協助掌理國政，接著殤帝傳位給李旦，睿宗復位，立李隆基為太子。

原本和李隆基合作的太平公主，有其母武則天的風範，也想掌權，所以姑姪矛盾與日俱增。但睿宗對太平公主言無不從，軍國大事都由她參決。隨著時間增加，她發現姪子李隆基越來越英明神武，因此想要換一個庸懦的太子，以便久專大權，所以她屢次在睿宗面前詆毀太子，但因大臣力保，始終沒有得逞。太極元年（712），睿宗傳位給李隆基，自己為太上皇。這時太平公主仍專大權，對已經即位的李隆基敵意更深，甚至密謀廢立與毒殺他。玄宗的心腹紛紛勸他要有所防備。開元元年（713），玄宗與他的弟弟李範、李業，宰相郭元振，宦官高力士等一同計劃，以宮廷軍隊的力量，誅除太平公主及其黨羽。接著太上皇下詔，自己將退出政治，所有軍國大事，都由皇帝處分。李隆基開始獨立行使統治權力，也結束了武則天之後女主干政的餘波。

　　開元是玄宗的第二個年號，將近二十九年時間（713～741）。唐朝自高宗以後，政治風氣每況愈下，一是政治上形成奢侈的風氣；二是科舉制度過分膨脹，再加上武則天以官位收買人心，韋皇后、安樂公主盛行賣官，造成官多但素質低落；三是因官多且貪縱成風，造成經濟和財政危機。惡性循環下，唐朝政治日益敗壞。自從李隆基誅殺太平公主後，朝廷已無政敵，他便著手改革，勵精圖治。

　　開元之治的開展，和他重用姚崇、宋璟兩人有密切的關係。玄宗先以姚崇為相，姚崇勤勉政事，善於應變，深得玄宗信任，只要無關大局的問題，他都放手讓姚崇處理。有一次，姚崇奏請玄宗決定官員任命問題，再三詢問，玄宗都置之不理，高力士請玄宗作決斷，玄宗回答他說：我委託姚崇處理國政，大事應當和我共同商議，任命官員的這種小事，就不用來煩我了，可見他對姚崇的信任。姚崇之後，繼任相位的宋璟，為人剛正不阿，守法持正，敢於諫言。除姚、宋兩人以外，以清正著名的相臣還有盧懷慎、張九齡、韓休等。盧懷慎和姚崇同時為相，為人清簡樸素，所得的俸祿，經常救濟親族、朋友，自己則居住在簡陋的房屋裡，妻子還常挨餓受凍。張九齡、韓休在開元後期為相，都是方正敢言之人。因為玄宗重用這些正直清謹之士，使得政治風氣為之不變。

　　為了打擊奢侈的風氣，玄宗本人以身作則，崇尚節儉。對後宮、百官的服飾及使用的器物都有限制，並下令國內不准開採珠玉，織造錦緞。他還反對厚葬，送終物品不能以金銀器裝飾，要求喪禮儀式簡單樸素，如有違反，處以杖刑一百，州縣

官員沒有取締厚葬的,一律貶官。

官多是盛唐政治上最大的缺點,造成這種原因是因為唐朝當官的方式太多。武則天時官員人數大增,到中宗韋皇后時,變本加厲,正式官員以外,又有兩千多個「員外官」及「斜封官」,任何平民百姓,只要繳三十萬,就可以當官。太宗時期,朝中官員不過六百四十多人,到了玄宗時期,竟然達到一萬七千六百八十多人。面對官多卻素質低落的問題,玄宗首先廢除斜封官,下令官員任用標準從嚴;為了訓練官員的行政經驗和辦事能力,他把有才識的朝廷官員外放到地方,把有績效的地方官員調到朝廷。玄宗很重視人才,有一次,他和官員在「集仙殿」舉辦宴會時說:「神仙是虛無飄渺的,我不相信;賢能的人可以治理國家,今天我跟各位在這邊聚會,應該改名為集『賢』殿更為恰當。」「仙」、「賢」雖一字之差,卻反映了玄宗重視人才的態度。

經濟方面,開元九年(721)他命宇文融清查逃亡戶口和田地,戶口總共增加八十萬戶,田地數量也增加,稅賦收入因而上升。當時玄宗勤於對邊關用兵,財政吃緊,所幸有宇文融開發財源,才能不虞匱乏。

在文化方面,玄宗喜愛儒學,但唐朝自武則天時期以後,佛學地位提升,僧尼人數大增。開元初年,他採納姚崇的建議打壓僧尼,勒令還俗者達一萬兩千多人,還禁止建寺院、鑄佛像、寫佛經,百官也不能和僧尼道士往返。尤其是史書和歷代政治有關的部分,作為治理國家的借鑑。玄宗喜愛讀書,為了深入了解,他要宰相為他推薦侍讀。玄宗對侍讀非常尊敬,親

自迎送，待以師傅之禮。為了宣揚儒學，他還下令搜訪遺書，並編寫《開元禮》。

因為玄宗勵精圖治，任用賢臣，唐朝再度進入盛世，米價便宜，社會秩序良好，長途旅行也不用帶防身工具。因為社會安定，經濟富裕，人口快速增加，開元二十八年，全國的戶口和人口是貞觀時期的兩倍。

在軍事制度上，開元時期有一個重大的變革，就是廢除府兵制，改設「彍騎」，廢除徵兵制改為募兵制。唐朝自太宗以後，因為國家承平，府兵就成為一種備而不用的龐大消耗，也因為不用打仗，府兵的戰鬥力下滑，兵器漸漸朽壞，還有士兵逃亡的情形。玄宗開始有計劃地逐漸廢除府兵，開元六年（718）他先把府兵的校閱期，由一年改為六年校閱一次。府兵需要輪流到京城宿衛，但輪番宿衛的府兵常常不能按時到達，而且因為逃亡的府兵太多，沒人遞補，所以玄宗接納宰相張說的建議，在開元十一年（723）招募了十二萬人，稱「長從宿衛」，後來改名為「彍騎」，漸漸取代府兵，成為中央軍隊的主體。此後，府兵遇缺不補。也因為社會漸漸重視科舉，沒有人想要當兵了，府兵制終被時代淘汰。

和廢除府兵制同時建立的另一個軍事措施，就是從開元九年（721）起，唐朝在邊關地區陸續設立十大兵鎮。兵鎮的最高長官叫「節度使」，任務是率軍駐守邊疆，統治異族，保護疆土。邊關地區需要隨時警戒，半農半兵的訓練是不足以應付的，而且屯防的官兵又必須精於戰事和熟知地理，跟邊疆外族戰鬥才有勝算，所以半兵半農的府兵制並不適合在邊關推行，

而是需要一批職業軍人，長期戍守邊關。總計邊區的十大兵鎮總共統兵四十八萬六千九百多人，兵源都是募兵。以十二萬的「彍騎」宿衛首都，和四十八萬多人的邊兵相比，內輕外重的後遺症，就是在三十年後的天寶年間，化成動搖國本的惡果。

　　開元時期的長治久安，使得玄宗認為天下已經太平，便逐漸沉溺在聲色娛樂中。開元二十三年（735），他覺得要表現國家的歡樂盛況，於是在五鳳樓舉辦了盛大的宴會，有音樂、舞蹈、戲劇等各種表演，還要三百里內的官員，帶著本地的樂舞伎人，集合到五鳳樓來表演，表演持續了五天。玄宗本來不信神仙，但後來崇信方士張果，還想追求長生不老。他原以清簡自持，後來行為漸奢，又因為邊關戰事興起，財政吃緊，便增加稅賦，百姓苦不堪言。玄宗在位後期，因為小人投其所好，漸受重用，除了寵信宦官高力士外，奸臣李林甫的執政，更是唐朝政治衰敗的關鍵。

　　因為高力士的推薦，李林甫在開元二十二年（734）開始做宰相。李林甫很有才能，但性格巧佞奸險，凡事以個人利益為出發點。他很會察言觀色，揣摩上意，並勾結宦官嬪妃，以便掌握玄宗的動靜和想法，上奏都順著玄宗的意思走，所以大獲寵信。李林甫為了專權，得勢後，開始迫害忠良，被貶被殺的很多。他不准官員諫言，只要才德突出，可能會對他的地位產生威脅者都設法去除，有些賢臣被他逼得無法在中央立足，只好投奔邊疆將領。除了摧殘人才外，李林甫另一個對唐朝發展產生重大影響的措施就是任用異族蕃人為邊將。開元時期的節度使，不乏有文人出任，而且表現優異的，還可以進入朝廷

為宰相。李林甫為了鞏固自己的地位，建議玄宗用出身寒微的蕃人為將，因為蕃人驍勇善戰，又沒有家族勢力以為奧援，比較好駕馭。其實他主要的目的，就是為了杜絕「出將入相」這個升官的途徑，因為蕃人不識字，不可能入相。玄宗採納他的建議，蕃人高仙芝、哥舒翰、安祿山因而擔任節度使而各據一方。唐朝後期安史之亂的發生，就是因為蕃人掌握地方軍政大權，天高皇帝遠，易生非分之心導致。

李林甫在朝廷殘害忠良，又勾結玄宗的寵妃武惠妃。惠妃生有一子李瑁，受玄宗喜愛，惠妃也一直有奪嫡的打算，所以不斷在玄宗面前詆毀太子李瑛。李瑛被殺後，李林甫心中盤算，玄宗寵愛武惠妃，應該會立惠妃之子為太子，所以不斷勸諫玄宗立李瑁為太子。但這次李林甫猜錯玄宗的心思，玄宗在次年立李忠（天寶三年改名李亨）為太子，李林甫心裡害怕會因此失勢，所以屢次想陷害太子，但因李忠為人謹慎，始終不能得逞。李林甫後來又遇到人生更大的危機——政敵楊國忠的出現。他是玄宗繼武惠妃後，寵冠後宮的楊貴妃之堂兄。李、楊兩人互相爭權的結果，楊國忠勝出，李林甫抑鬱而終。天寶年間政治的敗壞，李林甫要負很大責任，但接力為相的楊國忠，對於天寶衰象的促成，也推了好大一把。

楊貴妃原本是玄宗和武惠妃之子李瑁的妻子。開元二十五年（737）武惠妃死後，玄宗非常傷心，後宮三千，沒有一人可以取代。後來，他看到兒子的妻子楊氏貌美不凡，就暗示她自請出家為尼，玄宗再暗中接她入宮。楊氏貌美艷麗，通音律，善歌舞，入宮不到一年，就集三千寵愛於一身，取代武惠妃的

位置，甚至更得寵。天寶四年（745），她被冊封為貴妃。正所謂「一人得道，雞犬升天」，她的三位姊姊同樣美貌過人，都受封國夫人，賜邸於京師；而貴妃的堂兄弟，也都因為她而受重用。楊家人的請託要求，官吏們看得比聖旨還重要，逢迎拍馬，奉承賄賂，從四面八方湧向他們。楊國忠最不可一世，對公卿大臣頤指氣使，朝臣如果有才能又不依附他的，一律外調。因為玄宗對於楊貴妃的異常寵愛，朝臣們亦傾全力奉承，希望可以獲得她的恩寵。楊貴妃每次乘馬，都有大宦官高力士親自執轡授鞭。有地方官員因為貢獻給楊貴妃的貢品精美而被拔擢升官，於是，官吏競相仿效，縱使貴妃院裡織錦刺繡的工人有七百人、雕刻鑄造器物的工人有幾百個，但各地官員還是競相製造奇服異器奉獻給她。楊貴妃喜歡吃嶺南的荔枝，就有人千方百計急運新鮮荔枝到長安去。

楊國忠為相後，政治更加敗壞。雖然李林甫奸險，但因為他本人很有才能，縱使摧殘賢臣，政局還能維持一定的水準，對於邊將也能控制得住，安祿山就很怕他，對他唯命是從。楊國忠資質平庸，但除了宰相外，還兼了四十幾個職務，政府所有重要部門的職位都被他把持。他當然沒有能力處理所有公務，很多事情都委託官府員工代辦，賄賂、走後門的情況時有所聞。而且，他用人很隨便，為了收買人心而濫選官員，又沒有能力駕馭他們，更別提控制遠在天邊的邊將了。楊國忠的專權亂政比李林甫更甚，天寶十二年（753），關中大饑，因京兆尹李峴不甚順從，他就把災氣歸罪於他，貶李峴為長沙太守。後來，有些地區豪雨成災，玄宗詢問災情，楊國忠竟然拿

最好的秧苗給玄宗看，掩蓋災情真相。有官員反映所轄地區的災情，楊國忠就派御史去追究他的責任。因此，天寶十三年（754）雖然關中災情嚴重，都沒有人敢如實上報，連玄宗身邊的宦官高力士也說，楊國忠大權在握，賞罰不公，連他也不敢說話了。

就在楊國忠的粉飾太平與玄宗縱情享樂時，東北傳來了震天戰鼓——安祿山於天寶十四年（755）起兵，史稱「安史之亂」，唐朝的國勢自此迅速轉向分裂與衰弱。

安史之亂的主角安祿山是胡人，精通六種蕃語，頗得玄宗喜愛，天寶元年（742）受封為平盧節度使，後來又兼任范陽、河東兩地節度使，掌握三大兵鎮的軍政全權。他每次都在玄宗面前故作憨直，做出種種可笑的舉動，只要他一進宮就笑聲不斷。安祿山是個靈活的胖子，為了取悅玄宗，可以頂著三百多斤的體重跳「胡旋舞」，旋轉的時候還能「疾如風」。除了玄宗以外，他也拉攏楊貴妃，雖然他的年紀比楊貴妃大十幾歲，但是卻自請要當她的乾兒子，玄宗也鼓勵貴妃接納這個「好孩兒」。據說安祿山和楊貴妃兩人有微妙的關係，楊貴妃還曾經為安祿山「洗三」。「洗三」是古代誕生禮的重要儀式，指的是要在嬰兒出生後的第三天為他沐浴，以洗去災禍、污穢、招來福氣。貴妃竟然在天寶十年安祿山生日的第三天，把他召進宮，為他舉辦「洗三」，親自幫他洗澡，如此荒誕的行徑卻也反映出兩人關係之親密。

安祿山看到唐室腐敗，漸萌生異志，所以竭力擴軍，招收許多外族人為戰士，並用他們取代麾下漢人軍官的職位，建立

一個獨立善戰的胡人軍事集團。天寶九年（750），安祿山被封為東平郡王，這是胡人前所未有的殊榮，也是唐朝武將封王的第一人。自楊國忠出任宰相以來，安祿山、楊國忠為了爭寵，在玄宗面前互相詆毀。玄宗對於兩人的衝突，採取冷處理的態度，認為主要政事交給宰相，邊防事務交給邊將，兩者還可互相牽制。但他沒想到，天寶十四年，安祿山突然造反，以討伐楊國忠為名，發兵十五萬從范陽南下，掀起一場驚天動地、動搖國本的大叛亂。

安祿山起兵後，唐朝因為承平日久，民不知戰，黃河以北的州縣望風瓦解。楊國忠建議玄宗出逃到四川，於是玄宗以親征為名，實際是逃難，在一個微雨的清晨離京西行，隨行的人除了宰相韋見素、楊國忠、楊貴妃及其姊妹和少數禁衛軍以外，王公妃嬪、大臣們都沒來得及跟隨。途中行經馬嵬坡，將士飢疲交迫，在憤恨聲中殺掉楊國忠，又逼迫玄宗賜死楊貴妃，否則便不繼續前進。玄宗為了保命及維持君威，不得已下令高力士把楊貴妃勒死。這時，關中父老攔路請玄宗將太子留下以便反攻京師，結果玄宗命太子前往靈武，而他繼續前往四川。這件事似乎有些政變的成分，事後證明宦官李輔國一直在敲邊鼓，離間玄宗父子。太子抵達靈武後，七月即位，改元至德，是為唐肅宗，尊父親為太上皇，玄宗長達四十四年的統治告終。

至德二年（757），隨著安祿山被殺，玄宗由四川返回長安，居興慶宮。宦官李輔國奉承肅宗，離間玄宗與肅宗的關係，使玄宗被軟禁於甘露殿中。玄宗晚年憂鬱寡歡，於寶應元

年（762）駕崩，享壽七十六歲。

　　玄宗在位期間，前三十年的開元之治是唐朝的極盛之世，後期因為怠於政務且重用奸人，導致歷經玄宗、肅宗、代宗三朝的安史之亂，使唐朝由盛而衰。

　　後世談到玄宗時，都帶有點傳奇色彩，尤其是玄宗和楊貴妃的愛情，出現在中國許多文學作品中，李隆基被描述成一位感情專一的皇帝，民間習慣稱他為「唐明皇」。他和楊貴妃的故事，透過白居易的《長恨歌》和陳鴻的《長恨歌傳》而被千古傳誦，還因此留下許多動人的詞句，像是「在天願作比翼鳥，在地願為連理枝。天長地久有時盡，此恨綿綿無絕期。」中國戲曲更是喜歡以此作為題材。另外，玄宗很有音樂才華，對唐朝音樂發展有重大影響，他喜歡演奏琵琶、羯鼓，擅長作曲，作有《霓裳羽衣曲》、《小破陣樂》等百餘首樂曲，也曾選樂工，讓宮女在梨園中歌舞。梨園原來是皇帝遊樂的地方，舉行打球、拔河等活動。唐玄宗時期，常命伶人在梨園中歌舞，這便是後來稱戲班為「梨園」，戲班演員為「梨園子弟」的由來。

唐朝主要事件：玄宗

712	李隆基即位，尊睿宗為太上皇。
713	太平公主密謀政變，被殺。
722	廢府兵制，改徵兵為募兵。
725	泰山封禪。
734	李林甫為相。

745	楊玉環被立為貴妃。
751	安祿山受重用，兼任平盧和范陽節度使；怛羅斯之役敗給阿拉伯。
752	楊國忠為相。
755	安史之亂爆發，洛陽被攻陷。
756	玄宗逃亡至馬嵬坡時，將士逼殺楊貴妃與楊國忠；李亨於靈武即位，尊玄宗為太上皇。

第五章　宦官與藩鎮是兩顆大毒瘤：肅宗～穆宗

安史之亂經玄宗、肅宗到代宗，歷時八年才完全平定，唐朝政治、經濟、社會遭受嚴重打擊，百廢待舉，進入重建期。中唐時的歷任皇帝並非沒有作為，但宦官及地方藩鎮的勢力逐漸崛起。此時雖仍有轉危為安的可能，但就猶如站在險峻的懸崖邊一般，踏錯一步便會造成不可挽回的後果。最終，唐朝國勢開始走下坡，再也無法回到開國時期的輝煌盛世。

為什麼一直逼我離婚：唐肅宗李亨（711～762）

李亨年少時，正值唐朝最繁榮興盛的時代，他的太子生涯看似風平浪靜，實則暗潮洶湧。唐朝所有行業中，風險最高的非太子莫屬，自玄武門之變後，太子之位可以靠非正式手段取得，先例一開，便讓許多人有樣學樣，想方設法去達成他們的政治目的。李亨在公元738年被立為太子，正式在政治舞台出道，平靜安穩的生活畫下了句點。當時他所面對的最大威脅，來自宰相李林甫及後繼的楊國忠。

李林甫多次對太子李亨進行政治迫害。李亨的大舅子韋堅，也不知道是哪根筋不對，身為皇親國戚，卻在半夜與節度使皇甫惟明密談，此舉被李林甫得知，便誣陷他們要擁立太子李亨登基。可憐的李亨躺著也中槍，為了脫身，只好選擇與韋妃離婚，切斷與韋氏的關係以自清，和他共同生活多年的韋妃從此削髮為尼，也削去百年修得共枕眠的情分。

53

對李林甫來說，他的目的還未達成，所以只要揪住一點小辮子，就無限上綱藉題發揮。柳勣是杜有鄰的另一個女婿，只因與老婆一家人關係不睦，就遭人編織罪名。李林甫自然不會放過這個機會，遂將太子一併扯進這個事件，李亨只好再次使出大絕招，與妻子杜良娣離婚，斷尾求生。最後，杜良娣被廢為庶人，其他人下場亦十分淒慘。

李林甫雖於天寶十二年過世，但後繼的楊國忠持續對李亨迫害。天寶十五年（756），因為發生安史之亂，玄宗從京城逃出，抵達馬嵬坡時，密謀已久的李亨找到了發難的機會，將楊國忠等人誅殺，將士更逼迫玄宗賜死最愛的楊貴妃。馬嵬之變讓李亨權力大增，但也與父親唐玄宗產生芥蒂，從此分道揚鑣。

玄宗逃往成都，李亨則在抵達靈武後登基，是為唐肅宗，尊玄宗為太上皇，並未徵詢過玄宗的意見。此後肅宗精力都放在平定叛亂上，藉著安史集團內部的分裂，再靠著名將郭子儀、李光弼等人的努力，雖然沒有完全平定安史之亂，但至少收復了兩京。

肅宗非常重用宦官，使其開始形成權力集團，為唐朝留下難解的問題。肅宗晚年，身體狀況越來越差，玄宗病逝沒多久，他也於公元762年病逝於長生殿，在位六年，享年五十二歲。

破鏡終究圓不了：唐代宗李豫（726～779）

李豫在開元十四年出生於東都洛陽，因為他是長孫，所以

自幼極受祖父玄宗的喜愛，連帶讓他的父親肅宗也多得到一些玄宗的關愛。李豫小時候極為好學，史書評價他「仁孝溫恭，動必有禮」，可見他並沒有貴族子弟的紈褲氣息。

李豫是個重孝道的人，在玄宗及肅宗都病重之時，他不辭辛勞來往照顧他的祖父及父親。他同時也是個好哥哥，肅宗一共十四子，除了次子李係與他爭皇位外，與其他兄弟個個手足情深，尤其肅宗三子李倓被張皇后及宦官李輔國害死，李豫每每想到他的三弟便涕淚縱橫。

李豫在唐朝皇帝中也算是有情郎，他的第一位皇后沈氏在安史之亂中被叛軍拘捕，自己則隨肅宗逃往靈武。後來李豫任天下兵馬元帥，收復長安及洛陽，在洛陽再次與沈氏相遇。不過這對小倆口似乎被命運玩弄著，安史之亂首領史思明不久再次攻陷洛陽，李豫與沈氏被迫分離；當李豫第二次收復洛陽時，沈氏已不知去向。李豫在位十八年間，持續地尋找沈氏，但始終沒有找到，而他也不再冊立其他人為皇后，足見對沈氏用情之深。

李豫在公元762年即位，是為唐代宗。代宗對唐朝最大的貢獻，莫過於平定了歷時近八年的安史之亂，百姓莫不欣喜，連有名的唐朝詩人杜甫都寫下《聞官軍收河南河北》這首詩來表達雀躍之情；不過，安史之亂的平定，卻付出了極大的代價。當時代宗利用吐蕃及回紇的軍隊收復兩京，外族軍隊入城後，開始燒殺擄掠，甚至吐蕃還一度占據長安達十五天之久，幸有名將郭子儀抵禦外患，才勉強維持唐朝國勢。

政治上，宦官勢力日大，三大宦官李輔國、程元振、魚朝

恩個個囂張驕橫，代宗剛即位時，李輔國甚至還對代宗說：「你只需要待在宮中就好，外面的政事就由我來處理。」代宗最後雖除去李輔國，但宦官專權已成為唐朝的隱憂。

安史之亂後，唐朝社會百廢待舉，代宗在位時，國家經濟並未好轉，反因其崇信佛教，花費鉅資修建佛寺，寺院又強佔田地，經濟進一步惡化。大曆十四年（779），代宗病逝於長安，留下了一堆爛攤子給後人，享年五十三歲。

不過一念間：唐德宗李适（742～805）

德宗統治唐朝二十六年，在位時間僅次於高宗及玄宗。德宗十四歲那年，爆發了安史之亂。德宗協助他的父親平定了安史之亂，但唐朝政治、社會、經濟已今非昔比。代宗過世後，留下了一堆爛攤子給德宗。

德宗即位後，有感於宦官專權的問題日重，所以重用文武官而疏遠宦官。而後採用宰相楊炎的建議，施行兩稅法，並下令禁止各地的進貢，改善社會經濟，並遣回樂工、伶官、宮女數百人，廢除玩樂之物，用節儉的作為來與民所苦，讓唐朝社會在德宗初期呈現一種新氣象。

代宗平定安史之亂後，藩鎮勢力開始擴張，因為國家百廢待舉，無法控制地方，所以對他們採取姑息政策。德宗即位後，試圖削弱地方藩鎮勢力，態度強硬甚至不惜兵戎相向，造成極大的反抗。一開始，德宗的軍事行動取得不錯的成效，但慢慢地，藩鎮勢力開始凝聚，朱滔、王武俊、李納、田悅等組成聯盟，開始對抗朝廷。建中四年（783），德宗因對軍中兄弟

賞賜不公，且供應的伙食品質低劣，造成涇原士兵的兵變，德宗被迫逃離長安。

涇原之變後，德宗的雄心壯志便煙消雲散，在興元元年（784）正月，德宗痛心欲絕下了一道《罪己詔》，內容陳述自己的諸般不是，表示國內的紛紛擾擾都是因為自己的錯誤，希望跟藩鎮的關係可以「一切如初」。各地藩鎮多半還是給皇帝一些面子，表示歸順，但總是有人得了便宜還賣乖。節度使李懷光的再度叛亂，使德宗有家歸不得，一直到七月李懷光被打敗才得以回到長安。

德宗在逃亡期間，似乎看透人情冷暖，心境上有了極大的改變，因為他所親近的朝廷文武官員，在危難之時竟無人護駕，反倒是一向疏遠的宦官們，忠心耿耿待在德宗身旁不離不棄。當德宗重返長安後，就開始重用宦官，並將皇帝的親兵交由宦官管理，大大提升宦官的權勢。唐朝中晚期的宦官專權德宗是其中的推手之一。另外，相對於德宗在位初期的節儉，亂後他意識到有錢能使鬼推磨這個道理，就開始大肆搜括錢財，原本禁止地方進貢的規定統統取消，還公開向地方索取錢財作為私房錢。當時擔任宰相的陸贄因為太過清廉，德宗竟然還特別「開導」他，說偶爾收取一些小禮物也無妨，不要太不通人情。皇帝性格丕變，直叫人欲哭無淚。

德宗從積極改革、勵精圖治，轉變成消極無為、貪贓枉法，到底在逃亡期間德宗遭受了多大的打擊，實在是耐人尋味。德宗死於貞元二十一年（805），在位二十六年，享年六十四歲。

兩百天的皇帝夢：唐順宗李誦（761～806）

德宗一登基，便將李誦立為皇太子，不過因為德宗在位的時間長達二十六年，所以李誦這儲君也做了二十六年之久。先前提過唐朝太子是職業風險最高的行業之一，李誦竟然可以做這麼久，也算是難能可貴。不過，李誦太子生涯並非一帆風順。

李誦的岳母為郜國公主，她是唐肅宗的女兒，因為私生活放蕩，與朝中官員多有私通，有人便向德宗告發郜國公主的淫亂，還加油添醋說她好厭勝之術，德宗聽了之後大怒，對郜國公主及與她私通的一干人等皆做出嚴重處置。李誦自然無法置身事外，只好仿效肅宗的做法，與郜國公主的女兒蕭妃離婚，沒想到德宗怒氣未減，不但下令殺死蕭妃，還想廢了李誦。所幸當時的宰相李泌以前朝廢太子的教訓來說服德宗，才讓德宗打消念頭。

還是太子時，李誦就十分關心國家大事，只是礙於身分無法插手，壯志難伸。他的身邊有許多見識廣、學問淵博的人相伴，時常討論治國安邦的道理。慢慢地，在他周邊形成了一個政治集團，這些人包括王伾、王叔文、劉禹錫，及唐宋八大家之一的柳宗元等人，史稱他們為「二王劉柳」，是李誦即位後所倚重的核心人物。

李誦的人生相當悲劇，多年的儲君生活讓他飽受壓抑，在貞元二十年（804）還突然中風。貞元二十一年（805）德宗逝世，李誦雖有病，但還是坐上了皇帝大位，是為唐順宗。順宗即位後，開始改革德宗時的一些弊端，重用集團核心人物，貶

抑貪官污史，試圖收回宦官兵權，大有復興唐室的氣象。不過宦官的勢力已然成形，要擊破就沒那麼容易，順宗被宦官俱文珍逼迫禪位給皇太子李純，即後來的唐憲宗，順宗在位僅短短的兩百天不到，相較他的太子生涯二十六年，你能說他不悲劇嗎？

順宗是唐朝在位時間最短的一位皇帝（不算殤帝），在位不滿兩百天就成了太上皇，並在次年（806）便病逝，享年四十五歲。

第三天子：唐憲宗李純（778～820）

李純是唐順宗的長子，從小聰慧機敏，深得祖父德宗的喜愛。一日，德宗將年僅六歲的李純抱在膝上，問他：「你是誰家的孩子，怎麼會在我的懷裡？」李純回答：「我是第三天子啊！」這回答令德宗大吃一驚，李純為德宗的長孫，按照祖、父、子的順序回答為「第三天子」，雖聞所未聞，但又很符合事實，因此更得祖父的疼愛，僅僅十一歲就被冊封為廣陵郡王。

憲宗在貞元二十一年被立為皇太子，並在短短四個月的時間內，就獲得父親順宗的讓位。憲宗看似一帆風順、意氣風發，但這權力交替過程卻突顯出此時唐朝政治上的隱憂，也就是宦官把持朝政。憲宗即位後雖剛明果斷，勤於政事，但卻重用宦官，為唐朝的終結種下致命的禍根。

憲宗在位期間，可說是中唐的一個亮點，雖然成就不如太宗、玄宗那樣輝煌，但史學家卻將他與兩者相提並論，可見憲

宗確實有不凡之處。

憲宗最重要的功績，是不再對軍事將領採取姑息態度。唐朝的軍事將領稱為節度使，所管轄的地方稱為藩鎮，當時節度使個個擁兵自重，甚至憲宗即位後，西川節度使劉闢就立刻叛亂，簡直不把皇帝放在眼裡。於是，憲宗利用德宗以來積蓄的財力，討伐不服從的節度使，尤其是對淮西節度使吳元濟用兵，更宣示了憲宗的決心。淮西節度使的駐地地處中原，戰略地位至關重要，且長期處於半獨立狀態，憲宗平定淮西後，全國所有的藩鎮皆望風而歸順朝廷，結束了自唐肅宗以來，地方節度使各自為政、不納賦稅的狀況，唐朝達到一個短暫的統一，史稱「元和中興」。

憲宗是由宦官所擁立的，在與各地節度使戰爭的期間，憲宗重用宦官，軍隊中許多將領都由宦官擔任，有人勸憲宗要防止宦官權力過大，憲宗卻回答：「宦官不過是家奴罷了，不管給他再大的權力，我要除掉他，還不是如同拔掉一根毛那樣輕而易舉。」但最後事實卻證明，並非憲宗所想得這般容易。

平定藩鎮後，憲宗開始大頭症上身，自以為立下了千古不朽之功，開始變得驕侈，一夕間從勵精圖治的英主變為暴虐昏庸的昏君。憲宗晚年除了罷黜賢臣，還迷信長生不老之術，當他開始服用「金丹」，即所謂的長生不老藥後，性情變得暴躁易怒，經常斥責或誅殺左右宦官。公元820年，憲宗被宦官潛入寢宮殺害，然後宦官守住宮門，不准朝臣入內，偽稱憲宗「誤服丹石，毒發暴崩」，並假傳遺詔，命憲宗之子李恆繼位，即後來的唐穆宗。從此，唐朝皇帝的廢與立，都由宦官所一手操

縱。

墜馬的是你，中風的是我：唐穆宗李恆（795～824）

憲宗原本是立知書達禮的長子李寧為太子，豈知李寧於十九歲時生了一場大病，竟一病而死，憲宗悲痛欲絕，還為此廢朝十三日。李寧死後，憲宗欲立次子李惲為太子，但李惲的母親出身卑微，遠不如李恆的母親郭氏來得勢力龐大，憲宗迫於無奈之下，只好於元和七年立三子李恆為太子。郭氏是郭子儀的孫女，郭子儀對唐朝可是有著如再造般的偉大功績，所以郭氏一系在朝野有著不可憾動的權力及威望。

元和15年（820），憲宗死後，李恆被宦官擁立登基，是為唐穆宗，年僅二十六歲。穆宗即位後，也許是年輕氣盛，絲毫不掩飾自己喜好玩樂的本性，憲宗才剛下葬，他便帶著隨從狩獵取樂，並大辦宴會、觀百戲、打馬球，還大興土木修建宮殿。當諫官勸諫穆宗時，他只會口頭敷衍，依然我行我素，不改本性。

穆宗不留意天下事務，把國家大事拋在九霄雲外，任用庸才為宰相，且認為各地藩鎮亂象已平，應當減少士兵數量，但又未妥善安置被削除兵籍的士兵，不但造成藩鎮乘勢再起，連被削減的士兵都紛紛歸附藩鎮。而在朝廷內，宦官權力日盛，彼此爭權奪利、互相傾軋，內憂外患交迫之中，所謂「元和中興」的盛況已不復再。

穆宗近乎瘋狂的享樂行為，到了長慶二（822）年卻突然有了轉變，原因不是他終於決定洗心革面，而是有一次，穆宗與

宦官打馬球時，其中一名宦官突然墜馬，穆宗受到驚嚇而稍事休息，沒想到這一休息，穆宗突覺雙腳不能履地，一陣頭暈目眩，結果竟然是中風！

中風之後，身體狀況一直沒有好轉，穆宗便將希望寄託於長生不老之術，開始服食金丹。丹藥含有多種金、銀、汞等重金屬及有毒物質，不服食金丹還好，一吃反而加速了他的死亡，穆宗於長慶四年（824）因病崩於寢殿，年僅三十歲。

唐朝主要事件：肅宗～穆宗

肅宗	
756	李亨即位。
757	安慶緒殺安祿山；郭子儀收復兩京。
761	李光弼大敗史思明，史朝義殺史思明。
762	玄宗和肅宗均病逝。
代宗	
762	李豫繼位。
763	史朝義死，安史之亂平。
765	僕固懷恩叛變，引回紇、吐蕃入寇，郭子儀退之。
779	代宗死。
德宗	
779	李適即位。
780	行兩稅法。
783	涇原兵變，德宗被迫逃離長安。
784	下《罪己詔》。

805	德宗死。
順宗	
805	李誦即位，試圖改革時弊，欲收回宦官兵權，被宦官俱文珍逼迫讓位。
憲宗	
805	李純繼位。
818	全國所有藩鎮名義上歸服，唐朝出現短暫統一，史稱元和中興。
820	宦官殺憲宗。
穆宗	
820	李恆即位。
823	牛僧孺為相，與李德裕交惡，牛李黨爭開始
824	穆宗病死，李湛繼位。

第六章　中興是為了大亂鬥：敬宗～哀帝

　　晚唐時期，唐朝國勢已積弱難返，無力回天。宦官的專權達於巔峰，甚至能夠掌控皇帝的生殺大權；地方藩鎮擁兵自重，不受朝廷中央管控。在這樣的局面下，就算太宗、玄宗再世，也難以挽救唐朝的敗亡。身為晚唐的皇帝，不管是貪玩享樂，或是雄心壯志，似乎都僅能感嘆自己身不逢時。公元908年，唐朝末代皇帝哀帝在朱全忠的逼迫之下，將帝位禪讓給他，維持了二百九十年的唐朝就此覆滅。

狐狸殺手：唐敬宗李湛（809～826）

　　李湛為穆宗的長子。李湛出生時，穆宗年僅十四歲，自己還是個半大的孩子，如何懂得養兒育子之道？所以李湛自小並未得到太多父愛，反倒是成天與一幫宦官玩樂，結交一群狐朋狗友。

　　穆宗共得五子，李湛是其中最不喜歡讀書的，連大字都不識得幾個。穆宗自己不是個合格的皇帝，在被眾大臣逼著立太子的情形之下，還草草選了個跟自己一樣不學無術的李湛。事實證明，這是個天大的錯誤。

　　李湛貪玩的程度，比起穆宗可說有過之而無不及，甚至誇張到穆宗臨終時，他還在與宦官踢球玩樂，完全不將父親的死活及繼承皇位如此重大的事看在眼裡。李湛即位後，宛如穆宗的加強版，不理國事的程度更勝一籌，往往一個月只上朝兩三

日，即便上了朝，也總是姍姍來遲。對於諫官的勸諫，態度與穆宗如出一轍，敷衍過後仍然不改玩樂本性。

敬宗一味追求玩樂，花樣不斷翻新，最有創意的一次，莫過於寶曆二年在宮中舉辦了一場包含馬球、摔跤、散打、搏擊、雜戲等眾多項目的體育盛會。會中敬宗突發奇想，命參與者騎著驢子打馬球，這一打還打到了深更半夜，也折騰了不少人。除此之外，敬宗還特別愛打獵，尤其喜歡在半夜獵殺狐狸，稱為打夜狐。驪山行宮為一座老宅子，因為久無人煙，反倒住了一群狐狸。敬宗在驪山遊幸時，這群狐狸不甘自己的窩被侵占，晚上就跑出來搗亂，敬宗氣急之下拿起弓箭射殺不少狐狸，從此就愛上了這種感覺。

敬宗玩興一來就沒有什麼顧忌，玩樂過程中如有人犯錯，敬宗動輒就將其流放。不少宦官小有過犯，輕則辱罵，重則捶撻，這群宦官長期下來累積了許多怨憤，心中燃燒的怒火，終於將敬宗送上了死路。寶曆二年（826），敬宗打夜狐歸來，興致未減，又與宦官及隨從飲宴作樂，酒酣耳熱之際，敬宗入內更衣，殊不知宦官們早已密謀，以宦官劉克明為主，入內將敬宗殺害。敬宗在位三年，死時年僅十七歲，為唐朝除末代皇帝哀帝以外第二短命的皇帝。

我的家奴特別壞：唐文宗李昂（809～840）

敬宗被宦官劉克明謀害而死後，引發了一場宦官間的權力鬥爭。劉克明欲立唐憲宗的另一名兒子李悟為帝，但另一派宦官以王守澄為首，暗中計劃迎李昂入宮。兩派宦官互鬥，王守

澄率先發難，將劉克明及其黨羽全部誅殺，甚至連李悟都慘死於亂刀之下，就這樣，李昂在宦官的操弄下，登上了皇帝寶座。

　　文宗與其父兄截然不同，手不釋卷、不喜玩樂、且不近女色，是個勤勉聽政、生活節儉的樸實皇帝。文宗即位後，一掃前朝的奢靡之風，先遣回宮女三千人，再裁汰官員一千二百餘人，父兄所遺留下來的娛樂之事也全部廢止。文宗對自己及臣下的要求也很高，不但飲食有所節制，臣下若衣著上超出尺度，過於奢華，文宗也會對其提出懲戒。有一次，一位官員穿著桂管布做成的衣服覲見文宗，桂管布是一種便宜且粗糙的布料，文宗一見便覺此人必定是個清廉的好臣子，自己也做了一件桂管布的衣服，其他臣子們看老闆穿成這樣，自然紛紛仿效，反倒諷刺地讓桂管布價格飆漲。史書上稱文宗「恭儉儒雅，出於自然」，相較於父兄的享樂豪奢，文宗不但未沾染壞習慣，反而從自身做起，樹立榜樣，改善歪風，更顯得文宗的難能可貴。

　　在政治上，文宗也想有一番作為，凡事親力親為，常與大臣們討論國事至深更半夜。面對自憲宗以來便難以解決的宦官專權問題，文宗並不逃避，暗中與大臣宋申錫、鄭注、李訓等進行剿滅計劃，初期雖遭遇一些挫折，但計畫還算順利，成功剝奪宦官王守澄的實權並將他殺死。但李訓太過心急，企圖將宦官一網打盡，太和九年十一月二十一日，文宗上朝時，李訓謊稱大殿後方的樹上降下了甘露，甘露在當時代表了一種吉兆，誘騙以仇士良為首的宦官們前往查看，實則已部署兵力，

欲將宦官全部殺盡。不料此計被仇士良看破，反將宮內一干不論有關無關的朝廷官員殺戮殆盡，死者數以千計，史稱「甘露之變」。

事變之後，文宗表面上還是皇帝，但遭宦官軟禁，實際已無實權。宦官氣焰高漲，藐視群臣，連對文宗都可以出言不遜，絲毫不給皇帝一點面子。國家政事完全掌握在宦官手裡，宰相只能做做文書工作而已。文宗從此意志消沉，藉酒澆愁，常自嘆受制於家奴，比周赧王、漢獻帝兩個亡國之君還不如。

文宗雖然滿懷抱負，卻連上天也不站在他這邊，厄運連連。在位最後四年，水災、旱災、蝗災不斷，百姓苦不堪言；宮中宦官專權，地方藩鎮叛亂，唐高宗與武則天合葬的乾陵遭大火，文宗的身體也開始出現不適。至此，文宗顯然已心力交瘁，開成五年（840）抑鬱成病，抱憾而終，享年三十二歲。

自古丹藥亦毒藥：唐武宗李瀍（814～846）

文宗晚年臥病在床，宦官仇士良等把持朝政，手握大權。宦官們為了鞏固自身的權力，趁文宗病重不起，假傳聖旨廢掉當時的太子李成美（敬宗六子），改迎李瀍入宮為皇太弟，處理軍國大事。文宗得知此事也無可奈何，群臣更是無力反抗，文宗駕崩後，李瀍旋即登基，是為唐武宗。

武宗即位之後，行事風格介於敬宗與文宗之間。武宗喜好遊樂，但本身擁有絕佳的自制力，所以不至於耽誤國家大事；比起文宗，武宗雖然不那麼喜歡讀書，卻也因為如此，武宗沒有太多迂腐思想。武宗任用李黨人物李德裕為相，名相李德裕

主張鞏固中央權力、削弱藩鎮，成功壓制宦官勢力，仇士良不得不退出政治舞台；於外則強化邊防，擊退外患，讓唐朝漸漸回復生氣。

唐朝立國以來，對佛、道二教一直高度禮遇並大力提倡，尤其武宗又特別篤信道教，即位後立刻召集道士入宮，修建望仙觀。佛教自安史之亂後，因徭役日重，百姓生活漸苦，便開始有許多人藉著出家進入寺院來逃避現實的壓迫，且佛教寺院眾多，占地廣又不繳納賦稅，對國家經濟造成極大的影響。敬宗、文宗時已起滅佛之心，但始終未有動作。

到武宗時期，因為篤信道教，聽信了道士趙歸真之言，認為佛、道不能並存，否則會影響修煉成仙之道，再加上前述種種因素，武宗開始逐步打擊佛教，並於會昌五年下令大規模的滅佛行動。武宗下令拆除所有老舊寺院，沒收寺院擁有的土地，限制每個寺院的僧侶人數，年紀在五十歲以下的全部還俗，連遠從外國來求道的僧侶也被強迫還俗。滅佛行動也延燒到其他宗教，當時的外來宗教如祆教、摩尼教、景教、回教等，也分別受到不同程度的打壓。武宗對佛教造成了重大的打擊，卻增加了納稅人口及豐腴的土地，對國家經濟帶來實質上的幫助。武宗的滅佛行動，史稱「會昌滅法」，與北魏太武帝、北周武帝的滅佛合稱「三武之禍」。

武宗信奉道教已經到了瘋狂的地步，滅佛行動後，武宗更加求仙若渴，不斷追問道士趙歸真成仙方法。趙歸真也並非真有通天本領，被武宗逼急了，一度謊稱成仙之藥只有吐蕃才有，要親自前往採藥，實際上則是想趁機逃跑。武宗也不笨，

遣其他人前往，讓趙歸真沒有藉口離開。趙歸真眼看跑不掉，只好胡謅一個藥方，開始煉製「長壽丹」。武宗太喜，開始服用長壽丹，可想而知，此丹藥對身體造成極大的損傷，武宗原本高大壯碩的身材，開始日漸消瘦；豪爽的性情開始變得乖張暴戾。即便如此，武宗依然對道士的鬼話深信不疑，道士對武宗說生病的原因在於名字，武宗的名字李瀍帶水，唐朝則崇尚土德，土剋水，才會讓武宗生病，所以武宗將名字改為炎。

改名並未為武宗帶來好運，反而病情日漸加重，會昌六年（846）病逝於宮中，在位六年，享年三十三歲。

我的王妃是村姑：唐宣宗李忱（810～859）

李忱是穆宗李恆的弟弟。唐武宗一直沒有立太子，所以武宗過世後，李忱被宦官迎回長安登基。

宣宗為晚唐時期，歷史評價較高，也是最具傳奇色彩的一位皇帝。相傳武宗擔心宣宗會搶走他的帝位，欲加害宣宗，為了逃避武宗的迫害，宣宗逃到百丈村的百丈寺出家為僧，在此還留下了一段故事。有一位百丈村的姑娘對他非常關心，照顧宣宗的生活起居，無微不至。宣宗即位後，不忘這位姑娘的情義，派了官兵去百丈村欲迎她進宮，但這位姑娘卻以為她犯了什麼罪官兵要來捉拿她，嚇得在家裡上吊自殺，宣宗非常難過，於是將這位姑娘以皇妃的規格下葬。

宣宗即位後，勤儉治國、用法無私、體恤愛民、減少賦稅，使當時奄奄一息的唐朝國勢小有起色。在政治上，將前朝重臣李德裕趕出朝廷，重用牛黨的白敏中為相，結束了近四十

年的牛李黨爭。另外，宣宗時吐蕃、回紇勢力衰微，他派兵收復失地、平定吐蕃，對外獲得重大的軍事勝利。對於武宗時大規模的滅佛行動，宣宗也為佛教平反，佛教遂得以喘息。

宣宗本人多才多藝、生活節儉、喜歡讀書、重視人才、禮賢下士。剛即位時，第一個想到的宰相人選是唐朝著名詩人白居易，但白居易已過世，於是宣宗為白居易寫下《弔白居易》這首詩，表達他的愛才之心及不捨之情。在宮內，宣宗貴為九五之尊，卻相當平易近人，即便是地位低下的下人，宣宗都可以正確無誤記住他們的名字及工作。但他對子女的管教極為嚴格，一次，宣宗的二女兒永福公主因一點小事而生氣，在吃飯時當著宣宗的面將筷子折斷，宣宗氣憤地說：「妳這種性情，如何能嫁為人妻？」便下令將永福公主已經決定好的婚事取消。

史書上對宣宗讚譽有加，稱呼他為「小太宗」，可見對宣宗有極高的評價。一個如此賢明的皇帝，為何會被宦官擁立，宦官難道不擔心失去權勢嗎？原來，宣宗自幼便知，要登上皇位必須靠宦官，所以從小便假裝愚鈍，讓宦官們認為自己是個容易控制的傀儡。宣宗即位之後，宦官專權依舊是個難解的問題，尤其之前經歷了甘露之變，宣宗更是不敢輕舉妄動。

宣宗雖然為佛教平反，且處死了道士趙歸真，但這並不代表他對長生不死沒有興趣，這四個字帶有極大的魔力，讓唐朝或是其他朝代的眾多帝王，都無法抗拒它的誘惑。宣宗信任方術，熱衷長生不老，即便親眼目睹前朝皇帝服用丹藥後的下場，依然毫不猶豫服用金丹，最終於大中十三年（859）病死，

宛如重播般，又一位唐朝皇帝死於服用丹藥中毒，享壽五十歲。

女兒是心肝，宰相如衣服：唐懿宗李漼（833～873）

李漼是唐宣宗的長子，宣宗死後，被宦官擁立為帝。

有別於其父宣宗的雄才大略，懿宗完全是個大昏君，窮奢極欲、好大喜功、疏於政事、用人不清，《新唐書》毫不留情地評價懿宗「以昏庸相繼」，懿宗的作為，使得宣宗時略為起色的唐朝國勢再次跌落谷底。

懿宗登基後，極盡奢侈遊樂之能事，每日設宴飲酒、醉生夢死。他本身通曉音律，所以身旁總不能缺少音樂，宮中供養的樂工、伶官人數高達五百人以上，隨時準備取悅懿宗，懿宗只要心情一好，就隨心所欲賞賜金錢甚至官職。懿宗非常疼愛一名伶官李可及，因為這名伶官在懿宗的愛女同昌公主死後，為公主寫了一曲《嘆百年舞曲》，深深撫慰懿宗的喪女之痛，結果懿宗竟打破唐朝舊有體制，將李可及封為將軍。懿宗也是個好大喜功的人，曾給自己上了長達十二個字的尊號，尊號長度直比玄宗及武宗，但成就遠遠不及兩人。

懿宗對政事一點興趣也沒有，總是敷衍了事。在位期間，他一共任用了多達二十一位宰相，每一位都是庸庸碌碌之輩，整個官場瀰漫著腐敗的氣息，收受賄賂、貪污不法，各種壞事做盡也無人能管。宮中宦官專權，懿宗無所作為；國內藩鎮互相爭戰，懿宗視而不見，且賦稅刻苛，百姓生活在水深火熱之中。

不同於其他唐朝皇帝崇尚道教，懿宗反而對佛教十分沉溺。宣宗時，佛教慢慢走出武宗滅佛的衰敗，開始恢復生息，懿宗時更加速了佛教的勢力擴張。咸通十四年，懿宗不顧眾大臣的反對，決定動用大批人力、花費鉅資迎奉佛骨入京。此次迎奉佛骨，懿宗美其名為「為百姓祈福」，實際上是為了自己的千秋萬歲。懿宗時期的幾次人民起事，已經告誡了當權者危機的來臨，但他依然不理會百姓的怒吼，有人認為懿宗為唐朝滅亡的間接兇手，也許並非言過其實。

迎佛骨入京後，非但未替懿宗帶來鴻運，反讓懿宗生了一場重病，咸通十四年（873）病逝，享壽四十一歲。

馬球狀元：唐僖宗李儇（862～888）

懿宗病逝後，宦官擁立年僅十二歲的李儇為帝，而非懿宗的長子，主要的原因還是為了掌握權力。試想一個十歲出頭的孩子，如何能具有治理國事的能力？所以僖宗即位後，國事便由從小照顧僖宗，最受僖宗信任的宦官田令孜一手掌控。

僖宗對於玩樂特別感興趣，各類遊玩事物都很精通，尤其對馬球欲罷不能。僖宗曾對身旁伶官說：「朕如果參加打馬球的科舉考試，應該會中個狀元！」但伶官卻巧妙地回答：「如果主考官是像堯舜這樣的明君，陛下恐怕會落榜吧！」沒想到僖宗聽了沒啥感覺，竟只是笑笑而已。

玩樂久了，自然對政事也不想理睬，當時唐朝政局已非常混亂，民間百姓生活困苦，翰林學士劉允章描述當時「國有九破，民有八苦」，顯示當時國家正面臨的嚴峻局勢。僖宗在位

時，爆發了多起民亂，其中又以黃巢的大規模起事最具嚴重性。

黃巢以販賣私鹽為業，家中其實頗有積蓄，但因參加科舉考試落榜，又被政府剝削，遂起反抗之心。黃巢起事後，勢力快速擴張，一路攻陷洛陽進占長安，使得僖宗不得不逃離長安至四川避難，史稱「黃巢之亂」。後因黃巢將領朱溫叛變降唐，才順利擊破黃巢。回到長安後，僖宗論功行賞，將朱溫賜名朱全忠，他萬萬也不會想到，唐朝的江山最後會落入朱全忠之手。

黃巢之亂後，情勢並未好轉，各地節度使擁兵自重，基本上已不受朝廷控制。宦官田令孜因貪圖利益與地方節度使交惡，最終被盤據於太原的李克用攻入長安，僖宗無奈再次逃離長安。此時節度使朱玫挾持因病未逃走的襄王李熅為傀儡皇帝，改尊僖宗為太上皇，此舉反讓僖宗抓住機會，以正統為號召，結合各地節度使反攻回長安。

經過這幾番身心折騰，僖宗在第二次回到長安後，突然生了一場大病，逝世於長安武德殿，結束顛沛流離的一生，在位十三年，得年二十七歲。

生不逢時抱憾終：唐昭宗李曄（867～904）

李曄是僖宗的弟弟，由宦官楊復恭力排眾議擁立為帝。昭宗即位時，唐朝國勢已衰敗至極，但昭宗並未放棄，憑著滿腔熱血及遠大的抱負，期望能挽回頹勢，復興王朝。昭宗是個聰明且有才幹的皇帝，他深知當前政局的最大問題，便是宦官的

專權及地方藩鎮的割據，所以將改革重點放在剷除宦官及牽制藩鎮上。

宦官的最大勢力，無疑是擁立昭宗為帝的楊復恭。自順宗以來，宦官手握兵權，囂張跋扈，權力之大，連皇帝也對其莫可奈何，楊復恭自也不例外。昭宗巧妙利用楊復恭及其黨羽間的內部矛盾，順利籠絡楊復恭手下楊守立，而當昭宗手中握有可以與楊復恭對抗的棋子後，兩人間的對立也正式公開化，甚至兵戎相向。昭宗結合各地節度使的力量，歷經一年多的征戰，最終將楊復恭打敗，重重打擊了宦官在朝廷中的勢力。但在這過程中，藩鎮的威脅卻變得越來越龐大。

幾個比較大的藩鎮勢力，當屬李克用、李茂貞及朱全忠。李克用及朱全忠在黃巢之亂時都立下大功，李茂貞則在對抗楊復恭的過程中助昭宗一臂之力。擁有龐大兵力且不受朝廷控制是他們的共通特色。於是，昭宗一方面暗中建立屬於自己的軍力，一方面希望藩鎮間的互相傾軋，可以削弱彼此的實力。然而，在討伐西川節度使及李克用失利後，昭宗已無力再與藩鎮對抗，從此淪為藩鎮與宦官間權力鬥爭的工具。

昭宗後期，朱全忠勢力日益龐大，誅殺了所有宦官。宦官韓全誨最後垂死掙扎，挾持昭宗投奔至李茂貞處，但不敵朱全忠的猛攻，昭宗也落入朱全忠之手。這時的朱全忠腦子已浮現自己黃袍加身的畫面，於是在天祐元年（904），派遣手下將昭宗殺害，昭宗享年三十七歲。

昭宗在位十六年，多半時間處於宦官及藩鎮的控制之下，縱使昭宗比起僖宗，能力、眼光及抱負都不知高出好幾籌，但

大唐已積弱難返，非昭宗一人之力可回天。

朱全忠的杯中物：唐哀帝李柷（892～908）

　　李柷是唐朝的末代皇帝。唐昭宗被朱全忠所殺後，朱全忠以昭宗名義立十三歲的李柷為帝，是為唐哀帝，但所有人都心知肚明，哀帝只是一個傀儡皇帝，實際權力都掌握在朱全忠手上。

　　哀帝在位時，從來沒有任何實權，所有哀帝下達的命令其實都是依朱全忠的意思施行，連年號都維持「天祐」沒有更改，朱全忠則一步一步朝他的皇帝路邁進。天祐二年（905），朱全忠設宴邀請哀帝的其他兄弟，在宴會當中將哀帝所有兄弟都殺光，哀帝得知此事，也只能暗自啜泣。

　　朱全忠更下令，與祖父朱信、父親朱誠名字相近的名稱要避諱，此時朱全忠早已逾越一般臣子的分際。天祐二年六月，朱全忠在親信李振的慫恿下，將朝廷重臣三十多人聚集到黃河邊的白馬驛全部殺死，並將屍體投入黃河，史稱「白馬之變」，此舉將所有反對朱全忠稱帝的勢力全部消滅。

　　天祐四年正月，朱全忠逼迫哀帝將帝位禪讓給他，朱全忠還假意推辭了一番，但司馬昭之心，路人皆知，最後朱全忠接受了哀帝的禪讓。公元908年，已退位的唐哀帝被朱全忠毒殺而死。可憐的唐哀帝，自小生活在恐懼及威脅之中，即便貴為九五之尊，在位三年間卻連基本的尊嚴都不保，被毒殺時年僅十七歲。

　　朱全忠登基後，改國號為梁，史稱後梁，結束唐朝兩

百八十九年的統治，開啟了五代十國的混亂時期，中國再次由
統合走向分裂。

唐朝主要事件：敬宗～哀帝

敬宗	
824	李湛繼位。
826	宦官劉克明殺敬宗。
文宗	
826	宦官王守澄殺劉克明，迎立李昂。
835	甘露之變，宦官仇士良軟禁文宗。
840	文宗死。
武宗	
840	李瀍登基，以李德裕為相。
846	武宗死。
宣宗	
846	李忱即位；李德裕被貶，牛李黨爭結束。
859	宣宗病逝。
懿宗	
859	宦官擁立李漼為帝。
873	懿宗卒。
僖宗	
873	宦官擁立李儇為帝。
875	黃巢起事。

880	黃巢攻陷洛陽，進占長安，僖宗逃離京城，史稱黃巢之亂。
882	黃巢將領朱溫降唐，後賜名全忠。
884	黃巢死，亂平。
888	僖宗亡。
昭宗	
888	宦官楊復恭立李曄。
890	李克用叛變。
903	朱全忠誅宦官，封梁王。
904	朱全忠殺昭宗
哀帝	
904	朱全忠立李柷為帝。
907	朱全忠迫哀帝禪位，改國號梁，唐滅。

第 二 部
角色扮演武媚娘

第一章　賣木柴的野蠻女友

在開始講述這位傳奇女皇波瀾壯闊的人生之前，有件事是必須弄清楚的，那就是：武則天的原名究竟是什麼？

回答一：「武則天就是武則天啊，不叫武則天那你叫她武則天幹嘛？」

筆者真的沒有精神錯亂，「則天」兩字是來自「則天大聖皇帝」——李顯給她封的尊號，當時武則天已經退位了。《論語》中說：「惟天為大，惟堯則之」，「則天」固然霸氣，卻終究不是女皇之名。

回答二：「武則天怎麼看都不像是女人的名字，是武媚娘才對。」

雖然武則天能在後宮三千裡脫穎而出，把高宗迷得團團轉，容姿就算還不到傾城傾國，也稱得上是秀麗嫵媚，喚她一聲「媚娘」實在不為過；但「媚」這個名字也是入宮後才蒙太宗所賜，透過各種傳說戲曲而廣為流傳。

回答三：「既然上面兩個都不是，那只能是武曌啦！」

「曌」同「照」，但似乎又比後者有著更深層的涵義，為什麼這樣說？其實看它怎麼寫得就一目暸然，正是「日月當空」。無論是「曌」還是「照」，都是光芒萬丈，如星如日，凌空照耀整片神州大地！那麼，武曌難道就是命定般的本名，預示著這個出身並不顯赫的女人，終將成為中國歷史上，前無古人，後亦無來者的女皇帝？

事實上，「曌」是武則天新造的字，在稱帝前後給自己起這個名字，用意可說是非常明顯，就是往自己臉上貼金。

那她到底叫什麼呢？

根據筆者多方查詢，史書上沒有記載。

這麼一個具有時代影響力的人物，她的本名卻散逸在時間長河的奔流中再無人知曉，難免令人有些唏噓。後世多稱其為「武氏」或「武后」，近代則習慣叫她「武則天」。而在這裡，就姑且先以「武媚」來稱呼她。

當爆發戶遇上革命分子

武媚是山西并州文水人，祖上幾代都曾經當過官，但均不是什麼重要的職位。她父親武士彠是第四個兒子，上面三個哥哥都是規規矩矩的老實農民，日出而耕、日落而息，在辛勤工作了一整天後，回家和妻兒說說話，聊聊天；這似乎就是人生的全部。

然而，武士彠卻不是一個甘於平淡的人。

相較於魏晉南北朝的士庶天隔——降生於世的那一刻就已經決定了你往後大部分的生命軌跡，這時候的隋朝雖然已經不是全然靠爸的時代，但傳統的門閥觀念依舊深入人心，等級制度持續影響著整個社會的運作。

即使南朝時就有許多寒人憑藉機運和努力而占據軍政要角的例子，但是，出身低微的他們，起跑點始終就是落後世家大族一大截，正所謂「階級複製」——那些顯赫大姓代代傳承積攢的豐厚人脈、聲望與財富，自然不是想超越便能超越的。

聰明的武士彠明白這個道理，所以他沒有像其他人一樣，想當然爾地跑去從政做官，也沒有腦子一熱就跳上馬背當兵打仗。

那還有什麼路子可走呢？

正當他為何去何從而發愁，在林間心不在焉地漫步時，一個不小心，被倒在地上的樹幹給絆倒了。武士彠舉起手臂，掌心按在害他摔跤的罪魁禍首上迅速撐起身子，還沒完全站定，就見到樹幹上齊整的斧鑿痕跡。他靈活的腦袋一歪，狹長的眼睛一瞇，想著：有了，我也來賣木材吧！

這算盤撥得不錯，木材的確是一門好生意。

當時在位的隋煬帝是個非常好大喜功的人，關於隋氏企業的日常業務安排如下：星期一修長城，星期二蓋別宮，星期三建東都，星期四鑿運河，星期五築馳道，星期六造龍舟，星期日總該休息了吧？不不，宮殿不夠美，給老子蓋個新的！

這些建設都非常消耗木材，而且每個項目都是曠日廢時，好不容易完工了，總裁卻又下旨：再多建幾個！在這樣的大量需求下，木材商人武士彠很快就成了億萬富翁。

他沒有因此而滿足，發了財又如何？在中國古代士農工商的分級中，商人是最低等，最卑賤的職業，想要受人尊敬，光宗耀祖，還是得靠當官以獲得政治地位。比起文官，從軍對那些沒有強大背景的人來說，是比較有機會出人頭地的途徑；而有錢的武士彠並不需要從底層士兵當起，花一些錢，就讓他弄到了一個小武官，在家鄉文水有模有樣幹了起來。這個時候，武士彠迎來了他一生中最重要的貴人——李淵。

　　李淵奉煬帝的命令去討伐叛軍，途經文水時，武士彠當然不會放過這個結交權貴的好機會，趕緊張羅美酒佳餚好生招待。風清月朗的那天夜裡，耳際是樂曲悠揚，懷裡是佳人在抱，在這燈光美、氣氛佳，比燭光晚餐還讓人心旌搖曳的情景下，李淵和武士彠就此在心裡記住了彼此美好的模樣。

　　兩年後，李淵太原當上了太原留守，他沒有忘記那一夜，和他對酒高歌的武士彠，將他提拔為行軍司鎧參軍。武士彠對李淵的革命事業傾囊相助，萬貫家財都拿去資助了。李淵推翻隋朝，當上皇帝之後，封他為十四個太原開國功臣之一，後來又讓他當了三品的工部尚書；至此，武士彠總算實現了他的理想。

真命天子常常是人獸戀結晶

　　說到這裡，大家可以看到武媚她父親實在是個勤奮上進的有為好青年，而且眼光犀利，不管是投資的是商品還是人，最後都成功了。那麼，她母親又是怎麼樣的人呢？

　　不說別的，就說這門親事是李淵親自作媒，便知肯定不是什麼路邊野花；不僅不是野花，還是一朵金花──隋朝宗室，當過隋朝宰相的楊達之女。兩人成親的時候，楊氏已經是四十幾歲的中年婦女了，因此這次結婚很可能是再婚。武士彠這邊也是二婚，第一個妻子是家鄉所娶的普通女子，生了兩個兒子武元慶和武元爽；楊氏則生了三個女兒，第二個出生的就是武媚。

　　偉人的誕生總是伴隨著奇奇怪怪的傳說。

　　傳說，在一個涼風習習的愜意午後，武士彠得空回到家裡，就看到一條龍在楊氏身上和她纏繞在一塊，龍一發現武士彠回來了，振振翅膀，拍拍屁股就飛回天上。

　　然後，楊氏就懷孕了，這娃兒就是武媚。

　　武媚三歲的時候，一個很有名的面相術士袁天罡到她家，見到穿著男裝的武媚，吃驚地說：「這孩子生得龍睛鳳頸，往後一定大富大貴！可惜了，如果是女孩，以後一定會成為天下的主人。」

　　傳說就是傳說，不誇大不神奇就無法彰顯偉人的與眾不同。雖然歷史上對武媚的童年沒什麼記載，只說她自幼就熟讀經史子籍，聰明伶俐，這一點和她媽媽一樣，不愛女紅，卻喜歡讀書，算是一種家學傳承。

　　對於這個掌上明珠，武士彠一直是愛寵有加，自由自在的幸福生活似乎永無盡頭。然而，快樂的時光總是無聲無息地就戛然而止──爸爸過世的時候，她才只有十二歲。

　　自此，武媚像是從天上驟然掉到地底。

　　向來是被爸爸媽媽捧在手心，寵慣了的小公主，如今卻成了喪父的孤兒，不僅繼承家業的兩個同父異母哥哥對這幾個母女百般欺淩，其他武氏親戚對她們的態度也很惡劣。

　　這場巨變發生在人格塑造和養成都十分關鍵的青春初期，對武媚的一生有很重要的影響。或許，她終其一生對權力不間斷的追逐，正是源自於這段經歷帶給她的啟示：第一，從天堂墜入地獄是很容易的，因此，必須要有憂患意識──時時防範、戒慎恐懼；第二，依靠於別人而獲得的寵愛是很不牢靠

的，只要那個人死了，或是不愛她了，所有特權也就煙消雲散了。

流行歌后舞媚娘

隨著時光的流轉，武媚那圓潤可愛的臉龐褪去青澀，漸漸明媚了起來；平板的身材也開始發育，一天比一天玲瓏有致。

長孫皇后去世後，太宗始終不能忘懷這個讓他敬重又深愛，可說是生命中最重要的女人。不過深情歸深情，為已逝的情人守貞而獨處空閨，再不近女色——這可不是一個皇帝會做的事情。

於是，太宗又開始挑美女入宮了。

在古代，人生勝利組的標準，男子不外乎就是任官致仕、建功立業；而女子更簡單，嫁個好老公就行了。所謂好，是指不管身高有沒有一百八，頂上是茂密的黑森林還是一毛不拔，不管那些漫漫長夜裡佳人枕著的是壯碩結實的胸肌還是脂肪滿溢的小腹；只要位高權重口袋滿滿，就算滿口黃牙，也是位人人稱羨的如意郎君。而普天之下，又有哪個男人能擊敗皇帝，奪得理想老公票選第一名？因此，楊氏的心中也不禁動了送女兒入宮的念頭。

身為前朝宰相之女，楊氏自然知道以她們現在的情況，要想擺脫被人冷眼欺侮的生活進而飛上枝頭，讓女兒進宮博得皇帝恩寵確實是一個好辦法。然而，進入後宮是什麼概念？那地方可是比海還要深，跳進去後，就算你是游泳高手，一不小心還是會死無葬身之地，甚至牽連全家！

所以，當武媚終究還是因為「美容止」，這不脛而走的名聲被選入宮，臨別之際，楊氏不禁抱著愛女痛哭失聲。

見媽媽哭得傷心，武媚給她擦擦眼淚，哄著她說：「媽媽乖噢，不哭不哭。」楊氏覺得奇怪，我這麼擔心這麼捨不得，妳自己倒是冷靜得很，一點也不難過。武媚秀眉一挑，回答：「為什麼要難過？誰知道見天子不是一件好事呢？」

當時的武媚，不過是年僅十四歲的小姑娘，那異於常人的膽識與氣魄卻已初見端倪：面對著未知而險峻的將來，她的反應不是害怕，而是勇敢面對挑戰！

從十四歲到二十六歲，這段女人生命中最青春最美麗的十二年，武媚卻始終和入宮的時候一樣，只是一個五品才人。

奇怪，武媚不是一位才容兼備的妙齡少女嗎，太宗怎麼就不欣賞呢？

其實，太宗還是注意過她的。

那還是剛進宮時，太宗叫來這些新選來的美女，看看有沒有自己特別中意的小鮮肉。一個一個看過去，有幾個還不錯，但這美女看多了也是會審美疲勞，正當皇帝賞花賞得眼花撩亂、頭暈目眩，就要擺手讓她們退去，卻瞧見了人群中的武媚。太宗看她「方額廣頤」，依當時的標準著實是位大美女，就問了她的名姓和家世，聽到她姓武，又生得這般嬌俏，頓時想起自己在當皇帝之前，時常在民間聽到的流行歌「舞媚娘」，便一時興起，給她取了名字，就是「武媚」。

然後呢？

沒有然後了。

　　大家可能覺得，既然給她取了名字，肯定就是很喜歡她的，就像那些曾被賜名的將相，不都是因為有些功勞，或是討皇帝歡心，才有這種特殊待遇嗎？

　　這話是不錯，可是「舞媚娘」是什麼樣的曲子？樂府詩集裡有收入陳後主作的《舞媚娘三首》，其中，第二首是這樣寫的：「淇水變新台，春壚當夏開。玉面含羞出，金鞍排夜來。」淇水、新台和春壚都是指煙花之地。

　　雖然隋唐風氣開放，可是再怎麼說，這種曲詞始終難登大雅之堂。隋文帝時，有人在太子楊勇的宴會上唱起這首歌，就被楊勇的老師罵是「淫聲」。所以，用這樣的曲名來為自己的女人命名，太宗就算有些喜歡武媚，恐怕也不是太認真。果然，在親近了幾次，新鮮所帶來的刺激感過去後，太宗就跑去找其他更讓他歡喜惦記的鶯鶯燕燕了。

野蠻女友不受寵

　　究竟為什麼李世民不疼武媚呢？

　　野史中有個說法：

　　貞觀二十二年，民間流傳著一本《秘記》，書裡說：「唐朝三世之後，女主武王代有天下。」太宗知道了，就問當時占星術大師李淳風，這件事是不是真的。李淳風說，我根據玄象算了算，這個徵兆已經生成，那人已經在陛下宮裡，四十年之內就會奪得天下，把李唐的子孫殺光光！太宗勃然大怒，說：「哼！那我就把她抓出來殺掉，怎樣？」李淳風趕緊道：「萬萬不可。所謂天命難違，王者不死，想找恐怕也找不到。

而且，這個人現在已經是陛下的眷屬，四十年後就更老了，可能會仁慈一些，不至於對您的子孫趕緊殺絕。如果現在就殺了她，等她復生了，四十年後剛好壯年，一定更歹毒，到時恐怕陛下子孫會被殺得一個也不剩！」

因為這樣，太宗才沒有把武媚殺了，但也從此對她失去興趣，再不理睬。

這故事說得煞有其事，不過八成也是造神的產物。武媚不受寵，真正的原因還是要回到個性問題。

《資治通鑑》裡記載：太宗有一匹叫獅子驄的馬，是吐蕃進獻的千里馬中最剛烈的一匹，沒有人能馴服得了，武媚卻自告奮勇，說：「我有辦法，只是需要三樣東西：一是鐵鞭，二是鐵杖，三是匕首。如果用鐵鞭打牠不服，就用鐵杖敲牠頭；還是不服，那就直接用匕首割斷牠的喉嚨。」太宗聽到這麼殘忍的方法，心下不禁暗忖：這貌美如花的小姑娘真是狠毒，面上卻不動聲色：「依妳說的做，這匹好馬不就被妳刺死了？」武媚看不懂太宗的內心戲，繼續發表她的馭馬之道：「馬再怎麼神駿，如果不能把牠馴服當坐騎，留著又有什麼用？」

太宗對武媚固然不是特別熱絡，不過人嘛，總是比上雖然不足，比下還是有餘的。依當時體制，雖然皇帝向來是左擁右抱、妻妾成群，但是對老婆們的分封還是有一定的高下和名額。最尊貴的當然是皇后，再來就是妃，可以有四個人，而後依次是嬪、婕妤，最後方輪到才人，三個稱號各都是九人。所以說，如果武媚不要管那什麼后妃嬪的，原地向後轉——立刻就豁然開朗了！畢竟在這後宮幾百幾千個女子中，她也是排在

並列二十幾名的！

　　況且，經過那些鬱鬱不得志的悠悠歲月，歷經種種諱莫如深的宮廷成人教育洗禮，就算剛進宮時再怎麼初生之犢不畏虎，鋒芒畢露不願藏，磨得多了、撞得疼了，又看太宗對長孫皇后念念不忘，以及對溫婉的徐惠寵愛有加，還會不知這箇中緣由在哪兒嗎？

　　可惜，第一印象的影響往往比想像的還要深遠。武媚一開始就留下了慓悍的形象，使得太宗早早就將她歸了類：不是朕的菜啊！所以，即使後來武媚不再表現得這麼好強，也學著溫柔賢淑了起來，還是難以扭轉出師不利造成的劣勢。

　　饒是如此，武媚到底是個聰明的女子，她運用了一點人際關係和手腕，成為太宗身旁的侍女，細心地照料這位黃金已婚男。幾天下來，太宗也覺得，這武才人雖然不如我徐愛妃，不過服侍人倒挺周到的，就把她留在身邊了。

　　如果故事繼續這樣發展，說不定太宗還真的會對她日久生情。然而，就在武媚的生涯發展稍有轉機時，天邊卻倏地劈下數道驚雷——皇上駕崩了！

第二章　敲木魚的知心姐姐

太宗晚年一直為病所苦，還從原本居住的太極宮搬了出來，住進地勢沒這麼低窪陰濕的翠微宮，但終究還是病死了。正是在太宗流連於病榻的最後幾年，發生了讓武媚人生中最關鍵的事情——她和李治相愛了。

天雷勾動地火的文青之戀

李治就是日後的高宗，長孫皇后的第三個兒子，上面還有兩個哥哥李承乾和李泰。原本太子當然是嫡長子李承乾，可是偏偏太宗就比較喜歡李泰，而他也是個有野心的人，覺得反正太宗當年也不是長子，沒有道理他後來可以當皇帝我就不行，於是就開始積極培養自己的勢力，虎視眈眈著老哥的太子之位。爹不愛已經讓李承乾很吃味了，這混帳弟弟居然還這麼囂張！有李建成的前車之鑑在那，李承乾想：不行，我不能就這樣坐以待斃。於是他決定先發制人，密謀策劃武力奪權。

太宗知道這件事後，覺得自己爭得皇位那是受命於天，這兩個小屁孩居然還想如法炮製，簡直愚不可及。於是，他一邊怒吼，一邊把兩個人都踢到了天涯海角。經過這一番波折，嫡子裡面，就只剩下李治了。

那麼，李治是什麼樣的人呢？

首先，他是一個孝順的乖寶寶，當年太宗親征高麗，回來的途中長了個毒瘡，痛得連馬都不能騎，隨行的李治看了，眉

頭都不皺一下，就直接貼上去幫他把膿吸了出來。除了孝順，他還是一個文藝青年，寫得是一手好書法。不過在李治所有特徵裡，最為人知的，恐怕還是「柔弱」二字。

這評語首先來自他那英明神武的老爹。李承乾造反的事敗露後，太宗本來想讓另一位文武雙全的庶子李恪當太子，長孫皇后的爸爸長孫無忌卻堅持應該立李治時，太宗說：「這孩子太仁慈了，甚至有些軟弱，我不能不為江山社稷考慮啊！」

這樣的李治，又怎麼會甘冒天下大不韙，和爸爸的老婆攪在一塊呢？

在李治還是太子時，有一次入宮侍奉父親，看到了武媚，一見傾心，甚為喜愛，兩人便發展出一段不倫的感情。太宗死後，武媚和其他宮人被送到長安的感業寺為尼。就在太宗逝世第五年的忌日，李治到感業寺上香，又遇見武媚，兩個人觸景傷情，淚眼相視。後來，就在王皇后百般勸說之下，李治把武媚迎回宮。

球童才是人生勝利者！

為什麼老公都跑去尼姑庵會情人了，王皇后不但不生氣，還歡歡喜喜地將他們送作堆呢？

雖然在男尊女卑、一夫一妻多妾體制的中國古代，不少符合傳統美德的妻子都會主動幫老公挑女人進門當妾。這裡頭有多少人是為了迎合社會對「賢良明達」妻子角色的期待，才咬牙切齒地把其他女人親自打包並快遞給老公；又有多少人是真的不妒不怨、一心向夫，堪稱是中國好妻子的最佳典範，時至

今日我們不得而知，不過王皇后肯定不是後者。

王皇后這人可是大有來頭。隋唐時，所謂的「五姓七望」是所有世家大族裡地位最尊貴，聲望最崇高的。五姓指的是崔、盧、李、鄭、王，全天下叫這五姓的家族多如過江之鯽，卻只有清河與博陵的崔氏、范陽的盧氏、趙郡與隴西的李氏、滎陽的鄭氏和太原王氏才是站在金字塔的頂端，俯視蒼生的天之驕子。

不僅出身赫赫大族太原王氏，王皇后家和李唐皇室也是關係密切，不僅舅舅柳奭的叔母是高祖李淵的外孫女，爺爺的兄弟還娶了李淵的妹妹同安公主。當年李治還只是晉王的時候，正是這位同安公主的推薦，讓太宗親自為李治指定王皇后給她當王妃。

《舊唐書》說王皇后「有美色」，《新唐書》說她「婉淑」，太宗死前還說「這是我的好兒子和好媳婦」。可是爸爸喜歡又怎樣？李治他自己不喜歡啊！

這麼一個高貴美麗又賢慧的女子還看不上，那他喜歡什麼樣的人呢？

且讓我們看看另一個讓他非常寵愛的女人──蕭淑妃，她雖然沒有王皇后後台這麼硬，但蘭陵蕭氏也是當時很有名望的貴族。蕭淑妃個性不像王皇后那麼端莊矜持，而是一個直爽潑辣的妹子。跟老爹喜歡的類型完全不同，比起溫柔的女人，李治就是更好這口。

對王皇后更不利的是，蕭淑妃已經生了一個兒子，自己卻子然一生──啥都沒有。隨著高宗對蕭淑妃母子的恩寵日盛，

她也越來越擔心，終有一天，自己的后位會被蕭淑妃取代。

當高宗和武媚的風流韻事傳進她耳裡，王皇后沒有生氣，反而覺得這是個好機會，可以把皇帝對蕭淑妃的迷戀轉移到武媚身上。旁邊的婢女以為王皇后一定會很生氣，想說個笑話逗她開心，正要開口，卻見王皇后從椅子上跳了起來，仰天長笑了三聲，說：「看我怎麼收拾蕭賤人！」

眾人面面相覷：主子瘋了嗎？

在王皇后的促成下，武媚以宮女的身分再度回到皇宮──女人們為了角逐皇帝這顆金光閃閃的人球，不惜爭得頭破血流的競技場。

一開始被球隊簽下的時候，武媚覺得自己一定很快就能成為先發球員，卻只坐了十二年的冷板凳，然後就被剃髮關在小黑屋兩年半；這次回到熟悉的賽場上，卻連候補都沒得當，只能從球童重新開始。

其實球童和球的關係比任何球員都來得親密，整天親親擦擦又摸摸，好不恩愛！只是笨笨的王選手沒有放在心上，只把焦點放在和死敵蕭選手的對決上，直到武媚神不知鬼不覺，迅速扒下了蕭選手的比賽服套在自己身上，並且成為射手榜的第一位，王皇后才驚覺：引狼入室啦！

泡茶小妹升職記

那麼，武媚是怎麼踩著王皇后打下蕭淑妃呢？

首先，想在大唐企業站穩腳跟、扶搖直上，最重要的是什麼？自然是緊緊地抓住總裁的心！尤其，李總身邊有這麼多才

The Empress of
Tang Dynasty

高貌美的出眾女子，要讓他拋卻那些礙眼的狂蜂浪蝶，只取自己這瓢飲，就得使出非常手段。於是，武媚這麼驕傲又剛烈的女子，也低下自己高昂的頭顱，「屈伸忍辱、奉順上意」了起來。這番為不只五萬石米折腰，「痛柔屈不恥以就大事」的努力並沒有白費，原本李治對她只是荷爾蒙的吸引，處在不知什麼時候就會淡去的熱戀期，卻發現武媚不只熱情嫵媚，還是個成熟體貼的知心大姐姐，簡直是此女只應天上有的夢中情人！

搞定了總裁，接下來就輪到身為副總裁的總裁夫人。武媚每天一進公司，就先到總裁夫人那兒獻上自己親手做的愛心早餐；離開公司前，也一定會去王副總那裡匯報，讓她知道自己是多麼拼命地執行任務：擠兌蕭小三。只要王副總一有需要，武媚總是立刻就出現。因此，對於這麼個物廉價美、聽話乖巧的多功能好員工，王副總每次見到李總，總要誇上武媚幾句：你看，我引進的這個小職員，真是太優秀了！

武媚為什麼有辦法這麼準確地掌握王副總的狀況呢？自然不是在她周邊裝了監視器。據《新唐書》記載，王皇后不會去討好任何人，她老媽也和她一個德行，對低級宮女的態度很不好；武媚則不然，對這些身分不高但是數量最多、遍布宮內每個角落的人們，她都會刻意拉攏結交，把省吃儉用存下來的薪水拿去請吃飯送東西，連高宗給她的賞賜也通通給了這些姐妹。憑著收買人心的靈活手腕，武媚織就了一張無孔不入的後宮情報網：皇上今天喝了幾杯水，皇后咳了幾聲嗽，哪個嬪妃又如何了──只要是宮裡發生的事情都逃不過情報頭子武媚的通天眼。

於是，年青的君王雖然沒有從此不早朝，但也深深沉浸在武媚的熟女魅力中，夜夜高唱就這樣被妳征服，因而疏遠了蕭淑妃。

永徽三年五月，武媚被封為九嬪之一，二品的昭儀，從一個最底層的泡茶小妹，搖身一變成高級主管，地位只比皇后和四名妃子低了。

就在此時，武昭儀的肚子也一天一天大了起來。

王皇后這才如夢初醒，發現狼子野心的蕭淑妃雖然被趕跑了，自己居心不良帶回家養著的小肥羊，卻原來是個披著羊皮的惡虎！她想：不行，孩子沒出生皇帝就已經對她寵成這樣，若真的生了個兒子，那還得了。她把這件事和舅舅——中書令柳奭商量，最後在太原王家所屬的關隴集團鼎力支持下，順利讓高宗立了李忠為太子。

李忠的媽媽劉妃身分低微，對王皇后沒什麼威脅，很好控制，而劉氏作夢都沒想到自己的孩子竟然有機會當上太子，因此對皇后很是感激。

三個月後，武昭儀的孩子出生了，是個兒子，取名叫李弘。

第三章　愛打群架的大姐頭

　　李弘出生帶給王皇后非常大的危機感。再一次，她展開聯合次要敵人，打擊主要敵人的行動，迅速和失寵的蕭淑妃結成反武聯盟，不相信以她們兩個高幹子弟，還弄不死一個小賤民！然而，二對一的結果，王蕭兩人不但沒占到便宜，王皇后反而還捲入了兩件重大刑案。

來不及長大的小公主

　　第一件，就是非常著名的「殺嬰案」。

　　李弘出生的隔年，武昭儀產下了第一個女兒，李治和武昭儀對她是百般呵護。在那個豔陽高照的午後，李治一下朝就立刻跑去看女兒，武昭儀陪在他身邊，兩人一起來到了小公主溫馨的嬰兒房，李治掀開粉紅簾子，抱起她就往臉頰親，剛覺得奇怪，小寶貝的身子怎麼這麼冷，還來不及細看，卻聽武昭儀驚叫一聲，隨即左右宮女紛紛撲通跪倒在地──小公主死了！

　　高宗又驚又怒，抱著愛女冰冷的屍身一時說不出話來，武昭儀通紅著雙眼，拉著一位侍婢的衣領逼問：「誰來過？」侍婢驚恐地回答：「皇……皇后剛剛來過。」武昭儀立刻撲進高宗懷裡，崩潰大哭了起來。

　　「皇后殺了朕的寶貝！這女人和蕭妃之前就一直在說妳的壞話，現在竟然做出這種事！」憤怒的皇帝立刻和武昭儀衝去質問王皇后，當時她正在御花園和蕭淑妃下棋，一聽到這樣的

指控立刻懵了：我不過看她圓圓肥肥的好可愛，多捏了幾下小臉啊！

「嗚嗚嗚嗚皇上你看，皇后居然恨她恨到活活把小寶貝捏死！」

「不是，我只是……」

「皇上！您一定要為小寶貝作主！嗚嗚嗚嗚……」

就這樣，在痛失愛女的高宗心中，百口莫辯的王皇后便成了殺人兇手。

故事說完了，公主很悲劇，情節很暴力。

然而，人真的是王皇后殺的嗎？

說法一：「就是這女人！被武昭儀耍著玩又拿她沒轍，就想偷偷揍她女兒洩恨，沒想到卻不小心揍死了。」

王皇后雖然腦子確實有洞，但洞也沒大到會讓她親手跑去殺人。真要殺，隨便派幾個人去暗殺，製造成自然死不就好了，何況，殺個女兒要幹嘛？要殺就該殺武昭儀的長子李弘啊！不小心揍死更不可能了，王皇后情商還是很高的。

說法二：「真相只有一個──武昭儀虎毒食子了！」

這種推測雖然聳動，但也不無可能。如果她真想自導自演這齣殺嬰案，小公主是武昭儀素來寵愛的女兒，她死了，誰也不會懷疑到媽媽頭上來；而且又是在自己的寢宮，周圍的宮女和太監都是她平常刻意拉攏親近的員工，大事小事都會向武昭儀稟告，她肯定能第一時間知道王皇后來看女兒，等人走後立刻摸進房間，殺了女兒再出去別的地方等高宗下朝，最後一起來到案發現場。最重要的是，照理說小公主死了，武昭儀應該

97

也是吃驚又慌張的，像高宗一時就反應不過來，武昭儀在難過與生氣之餘，第一時間竟然不是責備宮女怎麼照顧的，而是問出「誰來過？」這樣的問題，中間省略了好多台詞！加上這則案件之後，高宗開始有了廢后的打算，可見此事最大的受益者就是武昭儀，最大的受害者則是王皇后；以她後來對付幾個兒子的手段來看，雖然不能說武昭儀這個人完全不顧親情，然而，在追逐權力的長路上，沒有人是她不能利用及犧牲的。不過，這些也只是後人的推測而已，畢竟誰也沒真正目擊事情的經過。

說法三：「這只是單純的意外而已。」

古時候醫學不發達，小嬰兒猝死其實沒什麼好大驚小怪的，所以大家就不要亂猜了，讓我們繼續看下去吧！

扎小人一點都不好玩

殺嬰案之後，高宗雖然生氣，但畢竟沒有直接證據，不能只憑幾個宮女的話就認定小公主是王皇后殺的；不過，高宗也確實開始有了廢后的念頭。

廢后，那可是關係到整個國家的大事，不是皇帝自己想廢就廢的。於是，武昭儀和高宗先跑去找太尉長孫無忌。長孫無忌不僅是高宗的親舅舅，更是關隴集團的大哥，太宗死前將李治託付給他和褚遂良輔佐，是當時最德高望重的大臣。

對著舅舅，高宗先是閒話家常，一邊吃飯喝酒，一邊聊起長孫無忌家裡的情況，一聽到他三個小妾生的兒子還沒工作在家啃老，高宗立刻封他們為散朝太夫，一當官就從五品開始，

完全是不折不扣的空降部隊。

給了糖果之後，高宗終於忍不住提起王皇后沒有兒子的事情，意思非常明白：我幫您解決了兒子們的失業問題，您老人家怎麼也得關照一下愛姪我的婚姻問題唄？

沒想到舅舅不買帳，呵呵兩聲就把姪子句點了。高宗不死心，又提了幾次，奈何長孫無忌是一隻老狐狸，老狐狸最喜歡做什麼？正是四兩撥千金——他不正面回覆，也不和高宗討論，只是一直打哈哈裝傻，弄得兩人一肚子悶氣又發作不得，回宮之後連說，這老不死的臭薑，真的好辣啊！

在長孫無忌那裡碰壁，怎麼辦呢？

武昭儀幹了兩件事。

第一，寫了一本書，叫《內訓》，隱藏的副標題就是好女人必須遵守的××件事。這種女教書籍歷來都是由母儀天下的皇后編寫的，像長孫皇后也寫過《女則》；然而，此時的她不過是個昭儀，卻儼然以皇后自居。

第二，徹底整垮王皇后——製造厭勝案。

厭勝是一種巫術，就是把你討厭的人畫在紙上、刻在木頭上、捏成泥人或麵雕，一邊釘釘子、射飛鏢和扎針，一邊詛咒他。唐朝人對這種惡毒的行為非常痛恨，是只比謀殺罪減二等的重罪。

武昭儀指使王皇后身邊的宮人密告高宗，皇后和她老媽偷偷施行厭勝術來詛咒武昭儀。高宗知道了非常生氣，覺得皇后實在太壞了，不但殺了我女兒，現在居然還咒我女人！於是大喝一聲：「給我搜！」這一搜，果然找到畫著武昭儀形象的紙

人和其他東西。眼看人贓俱獲，高宗即刻下旨，不准王皇后的媽媽柳氏再進宮，一個月後又貶了皇后的舅舅柳奭為遂州州刺史，途中又讓地方官員指控他「洩漏禁中語」，把他趕到更遠的榮州了。

經過這件事，王皇后被孤立了起來，只是她背後還有強大的關隴集團支持，因此，武昭儀仍然繼續動著歪腦筋：既然無法一步登天當上皇后，那麼她跨個半步，先當「妃」也行。可是當時四妃的名號都已經封了人，只能等到有人死了，位置空出來她才能坐上去。

可是她並不想等！

武昭儀嘴一嘟，高宗就心疼，說：「寶貝別難過，不然我自創一個給妳玩。」佳人立時眉開眼笑：「好啊，那人家要叫宸妃。」然後就靠在他身上；這溫香軟玉在懷，高宗自然啥都准了。

《論語》裡說過：「為政以德，譬如北辰，居其所，而眾星拱之。」眾星拱月欸！這司馬昭之心太明顯了。高宗一提出這件事，朝臣紛紛反對，高宗還想勸說，中書令來濟和侍中韓瑗卻態度強硬，說：「妃嬪都有定數，絕對不可以另立名號！」一句話就把高宗堵了回去。

當天晚上，高宗在床上輾轉反側，覺得這皇帝當得實在太窩囊，連想封自己最愛的女人為妃都不行。況且，對於長孫無忌一干重臣，他早就不爽很久了。

長孫無忌除了貴為國舅，也是隨著太宗打天下的重要功臣，當年太宗廢掉太子李承乾後，原本是想立楊妃之子李恪，

是長孫無忌的爭取才讓李治坐上太子位的。長孫無忌會這樣做，除了李恪並非長孫皇后生的，李治才是，最重要的原因，便是李恪是個文武雙全，很有膽識和主見的人，若是讓他當上皇帝，實在不好控制，因此才支持較為仁弱的李治。太宗臨終前把李治託付給褚遂良和長孫無忌，因為擁立有功，又是歷事三朝，關隴集團的大頭目，朝政大權都掌握在他手裡，高宗不管做什麼都得看長孫無忌臉色，真不知到底誰才是皇帝。

床榻上的高宗越想越氣，覺得被當作傀儡這麼多年，該是把權力收回來的時候，這次廢后的事情剛好可以作為一個契機。然而，朝廷裡充斥著沉瀣一氣的關隴貴族，自己上哪裡找人幫自己搖旗吶喊，和老賊們打架呢？

手牽手，去幹架！

就在高宗煩惱著怎麼樣才能和舅舅抗衡時，出現了一個人——中書舍人李義府。

李義府出身寒門，很有才華，當官不久就被太宗時的兩個官員薦為監察御史，因為長得太俊美了，就被人說他是和那兩人有一腿才被推薦的。李治被立為太子時，他進入東宮擔任太子舍人，和同樣陪伴太子的來濟都是當時赫赫有名的大文豪，並稱「來李」。李治即位後，來濟因為有長孫無忌罩著，很快就被升為中書令，李義府卻只是個中書舍人。

偏偏這個時候，李義府又不小心得罪了長孫無忌，正要被貶去偏僻的壁州當司馬。他不願意就這樣被趕到荒郊野外，就去請教他的同事王德儉該怎麼辦。王德儉被人稱作「智囊」，

因為他鬼點子很多，脖子上又長了顆肉瘤。他看李義府垂頭喪氣的模樣，就說：「皇上想立武昭儀為皇后，卻因為那些宰相的反對而一直猶豫不決，如果你能幫皇上完成這件事，肯定能轉禍為福。」

李義府便立刻回家上了一道奏章，請高宗廢王皇后，立武昭儀。皇帝一看龍心大悅，馬上把李義府找來密談，讓他留任原職並賞賜珍珠，武昭儀也暗中派人再賞了一把；不久，李義府就被升為中書侍郎。這一來二去，朝中人都看得明白：想升官，就支持武昭儀為后！很快地，以李義府和許敬宗為首，王德儉、崔義玄、袁公瑜等人聚集了起來，準備幫高宗為武昭儀去和長孫無忌一票人打群架。

隨後，高宗便正式向舅舅下了戰帖——將長安令裴行儉貶到最西北的西州當長史，因為他在和長孫無忌、褚遂良召開祕密會議的時候，說：「武昭儀如果當了皇后，國家的就要開始倒楣了！」這話被御史中丞袁公瑜知道了，透過武昭儀老媽楊氏密報給女兒，她便在高宗耳邊吹了幾口風，於是乎，武昭儀還沒當皇后，裴行儉自己就先倒大楣了。

不僅如此，高宗還升許敬宗為禮部尚書，就是在為立后之事謀劃。在這一連串示威的舉措後，終於迎來兩邊第一次的正面對決。

這天退朝，高宗直接點名七位宰相的四位——長孫無忌、褚遂良、于志寧和李勣到內殿討論事情。四個人心知肚明，皇上是要攤牌了，便商量著等一下要由誰來回答。長孫無忌？還不到大哥親自出馬的時候。于志寧？這高深莫測的老兒完全看

不出在想啥。李勣？他壓根不想攪和這灘渾水。熱血的褚遂良雙拳一握，自告奮勇：「我來！」

商討完畢，四人正要去見高宗，李勣卻突然彎下腰來哀呼：「唉唷，我肚子痛！」然後就臨陣脫逃，跑回家蹲馬桶了。三人一進內殿，高宗便立刻對著長孫無忌說：「皇后沒有兒子，武昭儀有，朕想要立昭儀為皇后，你們覺得如何？」大哥摸摸鬍鬚，一瞟褚遂良，他就站到高宗面前，回答：「皇后出身名門，是先帝為陛下所娶的，先帝駕崩時，還拉著我的手說：『我的好兒子好媳婦以後就給你照顧了。』這是陛下當時親耳聽到的，言猶在耳，皇后又沒有犯錯，怎麼可以隨隨便便就廢掉呢？我不能為了順從陛下的意思，而違逆了先帝遺願！」

褚遂良氣這麼壯的原因，是因為確實理直啊！畢竟王皇后現在也才二十幾歲，又不是已經生不出孩子的老太婆，而且殺嬰案和厭勝案雖然炒得沸沸揚揚，但也只能說她很有嫌疑，不然早就直接定罪了。還有，皇后是名門之後，那武昭儀是啥？暴發戶之後！不只如此，還直接放大絕招：敢不聽你老爹的話！

高宗雖然鬱悶，但他想：沒關係，我就磨到你們這些老傢伙答應，於是隔天又把三個人叫過來——李勣仍然病假中。這次褚遂良更猛了，直接嗆說：「陛下就算一定要改立皇后，那也選個家世好的，幹嘛非要這個姓武的？大家都知道這女人侍候過先帝，千秋萬代之後，天下人會怎麼看待您？您一定要想清楚啊！」褚遂良不但抖出了高宗和武昭儀最忌諱的事情，還

把手中拿來寫筆記的朝笏一丟，頭巾一扯，用力跪地磕頭，磕得台階和頭上都是血，威脅高宗，我就是不讓你立武昭儀，你不聽，就讓我回家吧！

好一位大義凜然的的忠臣，氣得高宗叫道：「給我拖出去！」雖然後面沒有斬了，但是沒關係，在簾子後面的武昭儀立刻補一句：「殺了他！」聽到這聲音，眾人都傻了，皇上不但讓一個女人跑到君臣議事的朝堂偷聽，這女人還這麼兇，居然說要讓一個宰相死。

我不是小孬孬，只是胃不好

褚遂良都已經這樣破罐子破摔了，高宗還是沒有想要懸崖勒馬，大臣們就開始使用車輪戰術，尤其是另兩位宰相，來濟和韓瑗不斷上奏，弄得高宗煩都煩死了。面對著朝臣們前撲後繼的堅決反對，他有些氣餒，這時候，從頭到尾都沒表態的李勣發話了。

李勣何許人也？他可不是只會在關鍵時候肚子痛的小孬孬，而是戰功彪炳的一代名將——唐朝開國功臣徐世勣！當年正是他打贏了多場重大戰役，幫助大唐迅速掃平天下，後來又多次伐突厥、征高麗，功勳顯著而被賜姓李，又因避李世民的名諱而去掉「世」，只稱李勣。太宗曾經點評過當時的三大名將，其中李道宗和薛萬徹都已經死了，其他開國元勳也早已故去多年，只剩他還在朝中。

這麼一位大人物，究竟會和高宗說啥呢？

李勣微微一笑，說：「這是您的家事，何必要問別人

呢？」這句話給高宗大大吃了顆定心丸：對啊，我愛讓誰當大老婆就讓誰當，管別人做啥？何況李勣還是軍方的第一號人物，既然他都這麼說了，就算那幫宰相再怎麼鬧，高宗也不必擔心軍隊會對自己不利。

　　見李勣這樣的態度，許敬宗趕緊打鐵趁熱，在朝中到處宣傳，田舍翁不過收了幾斗麥子，發了點小財都想換老婆，何況是皇帝想換皇后，其他人嚼什麼舌根啊？許敬宗當年也是李世民的秦府十八學士之一，這粗俗的話從他嘴裡講來實在有些好笑，不過簡單通俗的「換妻論」倒是很有效，朝中輿論已非一面倒反對廢立王皇后了。

　　情勢就這樣漸漸扭轉，褚遂良也灰頭土臉地被趕出長安，貶為潭州都督。永徽六年十月，高宗頒旨，說王皇后和蕭淑妃行鴆毒，廢為庶人。六天之後，許敬宗領著文武百官聯名上奏，請求高宗立武昭儀為皇后。

　　當天，高宗下道詔書，內容寫說，武氏出身高貴，因為才德兼備所以被選入宮，宮裡的人都很喜歡她。我當太子的時候，因為在床前侍奉爸爸很周到，他看我這麼孝順就把武氏賜給我了。這詔書估計也是許敬宗寫的，完全就是要駁斥反對立武昭儀為后的理由。

　　不管如何，這一天，是讓我們的主角往後作夢夢到也會笑的日子：她終於鬥倒王皇后，成功上位啦！

第四章　進擊的製造業大亨

　　歷來政治鬥爭的結果總是有人歡喜有人愁，那邊的武后穿金戴銀喝香檳，封后趴開得好不快活；這邊的王皇后和蕭淑妃卻被廢為庶人，幽禁在冷宮裡畫圈圈。曾經風光無限的兩個人，如今卻在這場後宮的博奕中慘敗，怎能不讓人唏噓？

人生在世不如意，喝酒尖叫領便當

　　當高宗在某個寒冷的夜裡，忽然想起獨寵武后之前，這麼多個日子都是與王皇后、蕭淑妃一起度過，雖然不愛了，但到底還是有感情的，於是就去了關押兩人的小黑屋。那裡是個門窗都被釘死的囚房，只在牆上挖了個小洞送食物。高宗看到這番景象，不禁動了惻隱之心，柔聲問道：「皇后、淑妃，妳們在嗎？」

　　早已哭到沒有眼淚的她們聽見這熟悉的聲音，空洞的靈魂又注入了一線生機，蕭淑妃激動地說不出話來，王皇后則幽幽地說：「我們現在是有罪的宮婢，怎麼還會有尊稱！」語氣有些埋怨，卻又怕高宗聽了不高興就這麼走掉，又說：「如果皇上還顧念以前的情分，乞求您把這裡改名為回心院，讓我們重見天日，改過自新。」一向高傲自持的王皇后都已經提出了這麼卑微的請求，高宗怎能不答應？於是他連聲說：「好好好，我會安排的。」

　　當高宗話一說完，武后就已透過現場狗仔們的即時連線知

道了消息，她不怒反笑，想著：既然皇上總是心太軟，那我只好親自收拾這兩個小賤婢！她派人去把王皇后和蕭淑妃拉出來各打一百大板，淒厲的慘叫聲震響了半座皇宮，武后卻還嫌揍得不過癮——誰知道皇上哪天就真的回心轉意？為了避免夜長夢多，賤人必須死！

當最終處決的詔令頒布時，王皇后只是跪地拜了拜，說：「願皇上萬歲，昭儀承恩，死是我分內的事情。」蕭淑妃就沒這麼淡定，而是破口大罵：「阿武這狡猾的妖精！但願來生我變成一隻貓，她變成老鼠，我要活生生把她掐死！」正在收聽現場轉播的武后立刻發出銀鈴般的笑聲，在兩人被斷手斷腳，丟入酒甕裡掙扎的時候，說了一句：「還再作夢嗎？怕是連骨頭都醉了！」

王皇后和蕭淑妃從此離開了人生的舞臺。兩人死後，武后又讓人砍下她們的頭當球踢，膩了之後又玩起改姓的遊戲：把王改成蟒，蕭變成梟。

一場歷時多年的爭寵大戰就此落幕。

當了皇后，弄死情敵，接下來要做什麼？不是曬日光浴，是改立太子！

武后讓許敬宗上奏，說原本的太子李忠出生低微，現在既然有了真正的嫡子，他一定會惶惶不安，覺得自己竊據了太子位置，這對國家可不太好。怎麼個不好法？他可能謀反啊！

其實李忠也知道情勢，已經好幾次向高宗請求廢掉自己。結局毫無懸念：他求仁得仁被廢了，李弘則成了太子。

家裡的瑣事都處理完了，接下來是處理那些和她作對的朝

臣。褚遂良在摔完帽子之後就被貶官，那麼拿誰來開刀呢？武后立刻想到了蒼蠅般惱人，有事沒事就出來叫囂一下，抗議兩下的來濟和韓瑗。可是這兩人又沒做什麼，總不能隨隨便便就治罪。

沒關係，每個玩轉政治遊戲的高手都是製造業起家——沒事是吧？做就行了。她對高宗說：「親愛的，以前你要立我為宸妃的時候，來濟和韓瑗當著你的面極力反對，實在很不容易。他們這麼忠心為國，請稱讚稱讚他們吧！」

高宗一看，我的愛妻真是心胸寬大，於是就把這件事告訴了來濟和韓瑗。來濟聽後苦了一臉，這分明就是記恨，赤裸裸的警告！韓瑗則想，記恨就記恨，反正天塌下來還有長孫大哥頂著。因為有恃無恐，韓瑗照樣專揀皇帝不愛聽的話說。他看好兄弟褚遂良被逐，很為他不平，就埋怨高宗：「褚遂良是個大大的忠臣，您怎麼可以這樣無緣無故就拋棄舊臣，這對國家不好啊！」被當面指責的高宗很不爽，不就是想讓褚遂良回來嗎，老子偏不！然後褚遂良就被貶到更遠的桂州去了。

武后見這事是個上等的原料，趕快叫許敬宗和李義府熬夜加工生產，他們效率超高，馬上就跑去向高宗告狀，說韓瑗、來濟和褚遂良圖謀不軌，桂州是用武的軍事要地，他們故意讓褚遂良到桂州去，就是想在造反的時候，讓他當外援！高宗想到終於可以擺脫這兩個碎碎念的臭老頭，腳上一用力，就把兩個人都踢到天涯海角當刺史。至於那位可憐的褚先生，很不幸地，再次被貶，到了更遠更鳥不生蛋的地方去了。

笑裡藏刀小心捅到自己

　　旁邊的閒雜人等都清得差不多，總算可以直接來對付大魔王！西元759年，兩個中低階官員韋季芳和李巢被指控結黨營私，去年剛成為宰相一員的許敬宗負責審理，本來無關緊要的案子，卻硬生生被他弄成了一件大事，說這兩個人和長孫無忌勾結，想要造反！高宗聽了，十分吃驚，說：「怎麼會呢？舅舅被小人挑撥，和我有些嫌隙是可能的，但也不至於謀反吧！」許敬宗回答：「長孫無忌謀反的跡象已經很明顯了，您不得不信啊！」高宗頓時哭了起來：「我家門不幸，親戚總是想要謀反……」擦擦眼淚，又問：「如果這件事是真的，要怎麼辦呢？」

　　許敬宗看著高宗，鏗鏘有力地說出四個字：「大義滅親！」最後，長孫無忌先是遭到貶黜，後來又被迫自盡而死，褚遂良、柳奭、于志寧、來濟和韓瑗也被清算，罷官的罷官，貶謫的貶謫，坐牢的坐牢，處死的處死，他們的親族也受到了牽連。權傾一時的元老重臣就這樣被剷除，連帶著整個關隴貴族集團都受到了嚴重的打擊。

　　踢走了這些人，高宗總算能自由自在當皇帝，不用再聽那些老頭倚老賣老。只是，這大權在握的逍遙日子沒過多久，他就開始生病。這病是他們家的遺傳疾病，當年的太宗，如今的他，還有往後的唐朝皇帝們，不少都有「風疾」這毛病。每次發病，頭就會痛得不得了，眼睛也會暫時看不見，根本沒辦法處理事情，這對正值三十多歲，剛想有所做為的高宗而言，真是沉重的打擊！

　　不能處理朝政的時候怎麼辦呢？國不能一日無主啊！找一個值得信任的大臣幫忙？算了吧，別再有第二個長孫無忌。思前想後，還是自己的皇后最可靠。高宗把權力分享給武后，在自己養病的時候，國家大小事就交給她來裁決。武后並沒有讓高宗失望，深厚的文化素養和對政治事務的高度敏感，使她面對紛雜的國事卻能處理得井井有條。

　　剛開始高宗還很欣慰，自己有個聰明能幹的老婆，可以幫自己打理事業，但隨著病情越來越重，武后這代理總裁對公司事務的熟悉度漸漸比他還高，簽的文件更多，和職員的聯繫程度也更密切；以至於就算是在高宗健康的時候，想要自己處理事情，都不免要去問問武后意見。

　　雖然高宗從以前就常常和武后討論各種事情，但那是因為他想要有人給建議，主動和決定權都是在高宗手上；然而，現在卻是不想問也不行。而且，許多時候兩人看法不同，武后因為對公司現況更了解，常常都是高宗不得不妥協，按照老婆的意見去處理，這樣的情況一多，不免讓他想起以前處處被長孫無忌制肘的日子。

　　在高宗和武后關係開始緊張時，偏偏有人選在這時候撞上了槍口。誰呢？就是武后的頭號心腹──李義府。

　　李義府品行一直都不怎麼好，「笑裡藏刀」這成語的典故就是來自當時人給他的評價；他平常看起來溫和有禮，事實上卻心狠毒辣，所以又得了個外號，叫「李貓」。在長孫無忌一黨被垃圾車分批載走後，空出來的宰相位置有兩個就由李義府和許敬宗坐上，是武后在朝中最重要的兩只棋子。

　　仕途不順的李義府一朝雞犬升天，完全是小人得志，自己和家人到處作奸犯科、賣官鬻爵，本來高宗念在他擁立武后和打擊長孫黨有功，原諒他好幾次，但李義府卻越來越囂張，高宗只好把他找來，委婉地提醒，他家人做了這麼多亂七八糟的事情，自己都已經幫他遮掩好幾次了，叫李義府這次一定要好好管一管。沒想到李義府不但不檢討，還態度強硬地回問：「是誰說的？」高宗忍著怒氣，說：「我都這樣說了，何必還問是誰告訴我。」李義府被武后和高宗寵慣了，這時候不快點認錯道歉，竟然頭也不回，轉身就走！這可把高宗氣壞了，有我老婆罩著，就連老子都不放在眼裡！

　　過了不久，有人告狀說李義府兒子賣官給長孫無忌的孫子，不知在圖謀什麼，高宗立刻讓人把他定罪，開除李義府父子的官籍，並把他的家人都流放了。

　　在自己的得力助手被整治的過程中，武后一聲都沒吭，因為她知道，李義府的事情，其實是高宗對自己的警告。

□嫌體正直的總裁

　　嫌隙一生，裂痕只會越來越大。

　　高宗漸漸受不了做什麼都要讓武后指手畫腳的生活。就在這時，一名叫王伏勝的宦官告發武后，說她找了道士郭行貞入宮行厭勝之術。武后是個實際的人，要算計誰，肯定是自己不動聲色沙盤推演，縝密布局策劃後再動手收網，何況她現在因為高宗體弱多病，正是個人政治事業蒸蒸日上時候，怎麼會去求助這種巫鬼神怪的玩意兒？

　　大家都覺得奇怪，只有王伏勝不納悶，因為這件事正是皇帝叫他說的。高宗這樣的用意是什麼呢？就是想藉這件事來挫挫武后的氣焰，讓她知道，誰才是真正的大老闆！可是要教訓老婆到什麼程度呢？高宗找來上官儀來研究研究。上官儀是一位才氣縱橫的宰相，詩寫得特別好，很得高宗的喜愛，常常跟他一起吟風弄月：上官儀七步成詩口頭發表，高宗就筆走龍蛇用書法寫了下來，兩個文青湊在一起，說不盡的風流與快活！不過，這次角色卻反了過來。高宗嘴上抱怨武后如何如何，其實大多數只是發發牢騷，指使王伏勝告發也只是想讓老婆來求求自己，撒一下好久沒見到的嬌，當回以前那個溫柔的知心大姐姐，不要每次見到他，都只會兇巴巴地討論朝中事情。可是上官儀不知道高宗只是口嫌體正直，真要讓他離開武后他還不依！於是，在皇帝說得口沫橫飛之際，他也洋洋灑灑擬了一大篇「廢后詔書」。

　　高宗話說得太多，口渴停下來喝水，上官儀以為他說完了，就把詔書遞到他眼前，說：「您心裡的苦我都知道，現在只要把這頒布了，您一定能重拾笑容！」高宗一聽，我沒有要休妻呀。還沒回答，就見一個人影竄了出來──竟然是老婆大人！

　　武后聽到情報，立刻風風火火地趕了過來，一見老公，立刻聲淚俱下，問：「從你少年到現在，我們一起走過十八年，你想要有孩子，我就生了幾個小蘿蔔頭；你看長孫無忌那幫老頭不順眼，我就陪著你一起幹掉他們；你生了病，我白天要去幫你工作，晚上回家除了要照顧你，還要去看兒子們有沒有好

好學習。我把青春交給你家，你現在卻要休了我，我到底做錯了什麼，為什麼這樣對我！」腳下一軟，便哭倒在地。

這番梨花帶雨的模樣，以及字字含淚，句句帶血的悲愴控訴，像針一般狠狠刺在高宗的棉花心上，扎得他千瘡百孔！於是他趕快扶起武后，語無倫次地想和她解釋，卻見老婆越哭越兇，高宗一慌，便說：「我本來沒有想要這樣，都是上官儀教我的……對，都是他，是他逼我的！」武后一聽，停下抽噎，眨眨眼睛，說：「真的嗎？好討厭噢，人家不想看到他。」過幾天，她就讓許敬宗遞上奏書，說上官儀和王伏勝跟廢太子李忠密謀造反，高宗只看了一秒，就把上官儀處死了。

沒有了挑撥離間的壞蛋，高宗和武后又回復到從前的兩小無猜，從此，高宗不僅不再猜忌武后的權力擴張，自己上朝的時候，還直接讓她坐在簾子後面，和自己一起討論和處理政務，合稱「二聖」。

一個成年皇帝竟然自願讓妻子常態性地垂簾聽政，等於是賦予她合法的參政權，這真是前無古人，後無來者！

外甥女也是情敵

雖然武后靠著強大的情報網，和當機立斷的機智與膽識，在廢后詔書送出前堵到高宗而化險為夷，但這次的風波還是讓她不寒而慄，再一次地體認到：在這個女人始終處於從屬地位的男權社會，即使是權勢如日中天的自己，只要高宗念頭一轉，幾句話、一張紙，就能讓她墜落深淵，萬劫不復。

因此，她有必要更進一步確立自己的地位。

　　那要用什麼方法呢？武后做了一件耗時耗力的事情：封禪。封禪是中國古代最盛大的祭典，只有國力昌隆的帝王才有資格舉行，藉由祭祀天地的鋪張大禮，來昭告上天與萬民一位皇帝建立了文治武功都達到極盛的不朽功業。

　　這麼重要的典禮，自古以來都是男人的舞台，就算貴為皇后也只能當個觀眾，可是武后怎麼可能願意待在台下拍照鼓掌呢？於是她就跟高宗說，老公啊，這祭地的時候是要拜太后的，可是太后是女人，怎麼能讓大臣公卿來祭祀咧？應該由我這做媳婦的來嘛！高宗一想，老婆說的是。武后就這樣成為有史以來第一位主持封禪大典的皇后，大大增加了她的威望。

　　武后在大典上風光無限、鋒頭盡出，晚上回房後仍猶自興奮不已，睡不著覺，就想去找高宗講講話，沒想到一來到老公房外，卻被侍衛攔了下來，武后秀眉一皺，好大的膽子，待要發作，卻聽房內傳來女人的聲音，她的臉頓時綠了——又是那沒臉的小蹄子！

　　小蹄子是誰呢？就是武后的外甥女，賀蘭妹妹。

　　武后有個姊姊嫁給了賀蘭先生，在她當上皇后的第五年，武后讓高宗封這個姊姊為韓國夫人，媽媽為榮國夫人。賀蘭先生很快就翹辮子，武后覺得反正妳也不用伺候老公了，就來陪陪我吧，因此常常叫她進宮。榮國夫人每次入宮時，常常都會帶著女兒——被封為韓國夫人的賀蘭妹妹，兩個人都是美人胚子，高宗見了，眼睛立刻為之一亮：這兩個長得像我老婆又不是我老婆，個性也有點像我老婆卻又不是我老婆的美女，真是太新鮮啦！當武后又一次把榮國夫人母女倆找來，和那時也在

宮中的媽媽楊氏一起打麻將，等了好久都不見人影，就要找人去看看情況，她們卻一個掛在高宗左肩，另一個鑽進他的右側懷裡，以這麼一個爆炸性的造型出現了！

武后瞪得眼珠子都要彈出來，高宗卻一副天真爛漫的模樣，眨著水汪汪地大眼說：「妳工作這麼忙，都沒時間陪我，我只好找妳的姊姊和外甥女解悶啦！」旁邊的楊氏還跟著點頭，對對，皇上太寂寞了，就讓這兩個孩子陪著您吧。旁邊的武后敢怒不敢言，只好把這口氣忍了下來。不久，榮國夫人就死了，才十幾歲的賀蘭妹妹就受到父母雙亡的打擊，讓高宗非常心疼，更加憐愛她，甚至還想封她為妃，把賀蘭妹妹接進宮來，讓武后再也忍不下去，暗中想著如何除掉這外甥女。

封禪結束後，各地官員照禮儀要進獻一些土產入宮，當武后知道自己兩個當刺史的堂哥，武惟良和武懷遠也送東西來時，臉上便浮現陰狠的笑容：來得正好。

前面提過，武士彠死後，武家的人對楊氏和她三個女兒很不好，兩個同父異母的哥哥武元慶、武元爽，以及堂哥武惟良和武懷遠也是其中一員。成為高宗的大老婆後，畢竟勢單力孤，武后便想提拔母家的人，讓他們作為自己的外援。原本，她覺得雖然以前這些人常常欺負我們，但與其糾結於從前的仇恨，著眼未來才是更重要的；因此，雖也並非不計前嫌，卻還是讓這四個人當了大官。

楊氏有一次擺了宴席，邀請他們來喝酒，美其名一家人聚在一起培養培養感情，其實不過是女兒好不容易得道成仙，想要趁機酸這些雞犬幾句，發洩長久以來的怨氣，便在席間得意

洋洋地說：「你們以前對我們這麼壞，現在還不是要靠我寶貝女兒。」武惟良斜睨了她一眼，回答：「我們能當官那是爺爺的功勞，哥們幾個知道自己幾兩重，也沒有想要大富大貴，沒想到因為皇后的關係當上高官，占了不應該屬於自己的位置，每天都覺得不安，哪有什麼好開心的。」這話說得委婉，言下之意卻非常明顯：跩什麼，老子不屑靠妳們啦！楊氏聽完酒立刻醒了，氣得衝去找女兒告狀，武后就把他們都趕出京城，踹到鳥不生蛋的地方去了。

武元慶和武元爽被貶後，很快就鬱鬱而終。武惟良和武懷遠在偏僻的地方當官，受了很多苦，慢慢地磨去銳氣，知道不能再和皇后作對，便想趁著獻食的機會討好她。武后接到土產後，就派人送一些給外甥女，嘴巴說「好東西就要跟家人分享」，實際上卻派人下毒。當賀蘭妹妹歡樂地吃了幾口，卻突然臉色發紫，口吐白沫，身子抽搐幾下便一命嗚呼了。

高宗一聽到消息，哽咽著下令即刻調查。東西是武惟良和武懷遠送的，他們自然難辭其咎，只是兩個人幹嘛沒事毒殺賀蘭妹妹呢？高宗正自納悶，演技派的武后身子一顫，淚便灑了一地：「他們是想殺我。這兩個人從小就看我不順眼，常常對我拳打腳踢，之前被貶的時候又懷恨在心，所以才要對我下毒，沒想到卻害到了我親愛的外甥女，都是我的錯啊……」

小情人死了，老婆哭了，高宗很難過，後果很嚴重──於是高宗叫老婆一定要重懲這兩個混蛋，然後就傷心過度，暈過去了。武惟良和武懷遠沒經過相關單位的審判就被砍頭，他們的後代都被改姓為蝮。武懷遠先前就已過世的哥哥武懷亮有個

妻子，當年對待楊氏母女極其刻薄，於是楊氏就叫女兒把她鞭數百，打得肉都飛光光，直到看見骨頭為止。

　　就這樣，武后不但除掉最後一個和她爭寵的情敵，也痛快地報了當年被欺凌的仇；見到她連對家人都如此狠心的朝臣更是戰戰兢兢，深怕一不小心，就被剁成下一個人肉罐頭。

第五章　把瓜摘光的壞媽媽

　　《全唐詩》裡收錄了一首〈黃瓜台辭〉：「種瓜黃台下，瓜熟子離離。一摘使瓜好，再摘令瓜稀。 三摘猶自可，摘絕抱蔓歸。 」據說這首詩是章懷太子李賢寫的，用瓜來比喻自己和幾個兄弟，哀惋地諷勸武后不要再對兒子進行迫害，不然一摘再摘，最後沒有瓜摘了，只能獨自抱著一束藤蔓回來。雖然裡頭的情況的確很符合武后和幾個兒子，不過這應該是民間創作的歌謠，畢竟以李賢高傲的性格，怎麼會作這種詩來求武后？何況自恃身分的他，也不太可能用摘瓜這麼俚俗的事情來比喻，更別提竟然會說李弘死是「一摘使瓜好」了。

　　看了半天，大家一定很困惑，才剛修理完武家人的製造業大亨，怎麼又搖身一變成了瓜農呢？這還得從第一顆瓜——李弘開始說起。

瓜

　　李弘個性和興趣都和他老爸很像，心地善良又是個文藝青年。作為武后的長子，在李忠被廢後被改立為太子，聰明孝順的他很受父母的疼愛，並且被寄予厚望。

　　太子八歲時，高宗和武后都到洛陽去了，只留他在長安監國，想讓兒子磨練磨練，盡早成熟獨當一面；但當時還十分依賴父母的李弘卻哭得唏哩嘩啦，臉上的大片液體分不清是鼻涕還是眼淚，搞得大臣們非常慌亂，趕緊通報帝后，高宗和武后

只好把他接到洛陽。李弘不僅在情感上十分纖細敏感，對於別人的苦痛也甚為同情，且有些道德潔癖。當他讀到《春秋》裡，楚王的兒子商臣弒父奪權，自己坐上王位的事情，便像看了恐怖片一樣，邊吐邊對老師說：「孔子不是聖人嗎？怎麼會寫出這樣的東西？」老師回答：「好的壞的都寫，才能懲惡揚善啊。」吐完的李弘虛弱地說道：「不行，這種事太噁心了，我看不下去。」老師只好把教材改成《禮記》。

李弘待人接物也是謙恭謹慎，禮賢下士，絲毫沒有自居為太子的傲氣，大家都很喜歡他。然而，人見人愛的李弘，卻漸漸讓武后感到緊張：隨著太子年紀漸長，處理政務已經甚是得心應手，圍繞在他身邊的官員也越來多，形成一股不容小覷的勢力。武后心裡清楚，大兒子雖然孝順，但篤信儒家思想的他，心中自有一套人生哲學與主張，即使現在羽毛未豐，還十分仰仗自己這個媽媽，假以時日，未必還會乖乖聽她的話。

在這樣的擔憂中，迎來了兩次母子間的衝突，讓武后更加疑懼不安。

第一次，牽涉到蕭淑妃的兩個女兒——義陽與宣城公主。蕭淑妃死後，她們被囚在關押罪人及其家屬的掖庭，十幾年來過著孤苦寂寥的幽禁生活。當時貴族女子都是十五、六歲就嫁人，她們卻因為武后刻意刁難的緣故，始終沒有結婚。

太子知道了非常驚訝，都到了這個年齡還沒嫁人，真是太可憐了，仁慈的他便上奏，請求讓這兩個姊姊有所歸屬。這舉動簡直讓武后氣壞了，這不是存心拆你老媽的台嗎？

第二次，是李弘自己的婚事。高宗和武后親自為他選定了

一位名門閨秀——司衛少卿楊思儉的女兒楊靜。她出身書香世家，不但美麗聰慧、又知書達理，李弘自己也很是期待這椿喜事的到來；然而，婚期都已經定了，卻硬生生被人破壞。罪魁禍首便是賀蘭妹妹的哥哥賀蘭敏之，他是個美男子，浪蕩成性，十分好色。李弘和楊靜婚禮快到的時候，卻突然傳出準新娘被這色胚姦辱的消息，只得將事情取消作罷。太子當年連聽到書裡的惡行都受不了，現在自己的婚約對象遭遇了這種事，他又怎能無動於衷？雖然賀蘭敏之最後被武后殺了，可是傷害已經造成，李弘很難不去想，如果不是武后有意培植母家的人，賀蘭敏之不可能如此囂張跋扈，連太子的女人都敢動。

在媽媽和兒子之間的矛盾越來越深時，李弘卻突然死了。關於太子的死，史書中提出兩種說法：一種是記載高宗親自發布的制書，上面說李弘是病死的，這種說法很合理，畢竟他從小就是體弱多病的藥罐子。第二種說法，則認為是武后毒死兒子的，雖然這樣的可能性不是沒有，但這種推斷最早是來自於肅宗時的宰相李泌，當時他是要以此事來勸皇帝，不可以在皇后的要挾下殺掉太子；因此，很明顯帶有政治意圖的借喻之詞，恐無法作為論證。

無論李弘是怎麼死的，也不管武后在他過世後的哀痛，究竟有多少是發自內心，又有多少是演戲成分，這位深受朝野上下擁戴的賢明太子驟然逝去，的確為她留下了更寬廣的政治空間，以及充足的權力發展時間。

可以說，兒子的死，對老媽而言正是時候！

瓜瓜

　　老大李弘死後，老二李賢就被立為太子。李賢的老媽其實不是武后，而是昔日榮國夫人與高宗所生。在古代，姊妹共事一夫本來不是啥問題，問題是皇帝寵幸誰不好，偏偏選了個已有子女的寡婦，這可就是不折不扣的宮廷醜聞了。因此，為了避免遭人非議，武后只好不情願地把自己的裙襬分一角給不請自來的小屁孩，把他當作是自己的兒子了。

　　諡號章懷太子的李賢，才幹比哥哥更加出色，當上儲君後，更是積極表現。高宗讓他監國，學習治理國家大事，他都處理地井井有條，讓老爸很是欣慰。他還召集一群學者作《後漢書註》，向朝野上下展現自己深厚的知識涵養，並趁機延攬人才、收歸己用，為往後的政治生涯鋪路。李賢著這部書雖帶有濃厚的現實目的，但書籍本身也非常具有學術價值，後世在研讀范曄的《後漢書》時，便是以這部注疏為本。

　　《後漢書註》完成後，太子將書獻給老爹，高宗非常開心，武后卻氣死了。因為《後漢書》所載的東漢歷史，正是太后干政和外戚專權，禍亂朝綱非常嚴重的時期，選這本書來作註，其中的諷諭之意實在太明顯——本太子就是在嗆妳啦！李賢的聲望扶搖直上，朝中依附他的大臣越來越多，不僅對武后在政治上的威脅比之前的李弘更大，最重要的是——太子可不是她親生的！這點李賢其實也清楚，畢竟所有孩子中，只有他從來沒有被武后寵愛過。小時候，他只覺得很難過，雖然媽媽很兇，但對其他兄弟姐妹還是滿照顧的，可是對自己卻比陌生人還冷淡，甚至一見他就露出嫌惡的表情。因此，好不容易因

為李弘的死被立為太子，怎麼能不好好大展身手一番，又怎麼能放過任何打擊武后的機會呢？

看著鋒銳盡出的李賢，武后冷笑了一聲，跟我鬥，你也配？她先是讓宮中的人放出流言，說太子不是她的孩子，一時間，這消息在皇宮和朝廷上下吵得沸沸揚揚；又授意高宗和武后都十分賞識的術士明崇儼，要他到處去說李賢的壞話，尤其在皇帝面前，更直接說太子沒用啦，不如讓長得像太宗的英王李顯，或是最有富貴相的相王李旦來繼承皇位。

一個江湖術師竟敢如此囂張！李賢不只憤怒，更多的是恐懼──他太清楚高宗信任明崇儼的程度，高宗非常相信他說的話，覺得那都是神明來傳達給自己的。如果放任明崇儼這樣散播對自己的不利言論，自己這個太子位恐將不保！於是，李賢決定先下手為強。

這天早上，明崇儼被家人發現陳屍在房間，脖頸上有明顯的刀痕。高宗和武后知道了大為震怒，尤其是武后，這案子連審都不用審，會做這事的還能有誰？自然是那個正躺在小男寵懷裡，喜孜孜誇耀自己如何幹掉皇后走狗的太子李賢。武后哪會由他這般逍遙，直接讓她提拔上來的宰相裴炎和薛元超，連同御史大夫高智周組成特偵小組，專門調查此案。特偵組立刻把矛頭對準太子，表面上是要調查李賢寵愛變童，縱情聲色的事情，其實目的只有一個──用盡一切方法，讓他坐實殺明崇儼的罪名。結果呢，小男寵趙道生被揍一揍就受不住了，在用刑的人正要拔他指甲時，放聲尖叫：「明崇儼是我殺的，是太子要我殺的！」兇手招供了，特偵組又在太子東宮裡搜出數百

領甲冑——謀殺案還不夠看，直接升格為謀反案了！

高宗這下傻了，我的病越來越重，大概不久人世了，太子這時造反幹啥呢？武后卻堅定地說：「造反就是造反，哪那麼多啥不啥的，你一定要大義滅親，狠狠地處罰這逆子！」高宗歪了歪頭，懶得再思考，便說：「好吧，可能我病糊塗了，一時理不清這事，妳看著辦吧！」於是武后就廢太子為庶人，把他幽禁了起來。三年後，再把李賢流放到巴州。

為什麼不直接殺他呢？永絕後患不是更好，反正別人家的孩子死了不心疼——還是說，其實還是會有點疼？

那是不可能的，只是留著慢慢收拾。當高宗駕崩，李顯登基，武后掌控了大局和實權後，就派人到巴州將他抓了起來，逼他自盡。三十二歲的李賢，就這樣結束悲劇的一生。

瓜瓜瓜與瓜瓜瓜瓜

在一個大雪紛飛的寒冷夜晚，五十六歲的高宗病逝於洛陽。死前遺詔太子李顯繼位，裴炎輔政，軍國大事難以決定時，便徵詢武后的意見。

李顯是武后三子，在李賢之後當上太子。現在，高宗死了，便由他繼任為帝，是為唐中宗。依當時體制，中宗必須守喪二十七天，正是在這權力交接的關鍵二十七天，武后把握住機會，對朝廷內外進行重新布署，提拔大量官員，再把原來的宰相一個個都換成她的人，並派幾個心腹去各處控制地方政權，而後迅速掌握軍權。經過這一連串的安排，從中央到地方，從宮中到朝野上下，國家的權柄已盡落武后手中。

當新皇帝李顯守喪期滿，卻發現朝廷內外都安插著太后的親信，他頓時懵了：這是我的王國，還是老媽的天下啊？年輕氣盛的李顯非常不爽，就算妳是我娘，可是皇帝是我啊！為了對抗武后，他便重用皇后韋氏的娘家人。韋家雖然也是貴族，但早就已是落魄貴族了，家裡沒幾個當官的，就算有，也是芝麻綠豆的小官。中宗不理會這些，不顧其他大臣的異議，就想硬給岳父當門下侍中，這可是掌握了審議封駁權的宰相大位。另一位宰相裴炎立刻跳出來反對，就是不同意，中宗氣死了，便口無遮攔說了句：「就算我把天下都送給韋玄貞又怎樣！」此事告到武后那邊，武后早就想找機會廢他了，趁著這個機會，就找幾個大臣策劃一番，而後領著羽林軍包圍大殿，在中宗震驚的神情下，把只當了三十六天皇帝的李顯踹下寶座，將他趕出京城，流放到地方軟禁起來。

四個兒子，兩個死了，一個去流浪，朝中就只剩下老么李旦能當皇帝了。

李旦是個乖巧順從，性格柔弱的人，從小就只喜歡讀書，對政治一點興趣也沒有，如今卻莫名其妙登基為睿宗，饒是他再怎麼聰明睿智，也想不通這皇位為什麼是自己坐！

武后也沒有要讓他想通，小兒子一即位，媽媽就立刻把他送到別殿去住，還讓人監視他，不讓睿宗管事情，並對外宣布皇帝因為老爹死了，難過地沒辦法做任何事，所以由她這個太后來處理政務。此外，武后也大量任用武氏宗親，以她的姪兒武承嗣、武三思最受重用；還追封她的父親為王。到了這一步，所有人都很清楚，這女人想自己當皇帝啊！

正當武后成為實際上的最高統治者，開始著手準備稱帝時，爆發了一場轟動全國的軍事叛亂。

小屁孩也敢造反？

這場叛亂是起自五個仕途不順的落魄人。李敬業是李勣的孫子，雖承襲了爺爺的英國公爵位，卻因為貪污被抓到而被降職。李敬猷是李敬業的弟弟，和哥哥一樣不怎麼爭氣，工作做著做著就被辭退了，兩個難兄難弟便一起跑到揚州散心。其他三個人也都被貶過官，分別是駱賓王、魏忠溫和唐之奇。這幾個滿腹牢騷的人湊在一起，互相抱怨那些主管都瞎了，明明自己這麼有能力，不受重用就算了，還莫名其妙就被處罰，聊到公司剛換的新總裁不過是個傀儡，事情都是武后在決定的，有個人哼了一聲，說：「不過就是個賣弄風騷的女人。」其他人一聽，接著說：「這殘忍的女人，不只害死了王皇后和許多忠臣，連自己的親人也殺，讓這倒行逆施的人掌權，難怪我們這種人才遭到如此待遇！」憤憤不平的眾人立刻連聲附合，不知是誰趁著話鋒，便說：「乾脆我們帶頭起來反抗她，如果成功了，那我們就是興復李唐的功臣啦！」

一場開國以來最大的叛亂就這樣展開。初唐四傑之一的駱賓王寫了篇〈為李敬業討武曌檄〉，後來被收錄到《古文觀止》改名為〈討武曌檄〉。文章第一部分先是列數武后的罪狀，說她「穢亂春宮」、「殺姊屠兄、弒君鴆母」、「包藏禍心、窺竊神器」；第二部分大肆吹捧為首的李敬業，告訴大家他是「皇唐舊臣，公侯塚子」，所帶領的軍隊乃是「爰舉義

旗，以清妖孽」的正義之師，「班聲動而北風起，劍氣沖而南斗平。暗嗚則山嶽崩頹，叱咤則風雲變色」，肯定能打贏這場仗！第三部分則向天下官員喊話，說他們這些皇親國戚或朝廷命官，在高宗剛駕崩，「一抔之土未乾，六尺之孤何托」的情況下，只要加入起義的行列，便能「共立勤王之勳……凡諸爵賞」；如果繼續跟隨武后，最後必死無疑，因為，「請看今日之域中，竟是誰家之天下！」

這篇洋洋灑灑的長文，詞鋒犀利、文采斐然、氣勢磅礡，非常具有煽動性；然而，武后卻是邊笑邊看，還說了一句：「這篇文章寫得太好了，沒早點發現這麼有才華的人，是宰相的錯啊！」處變不驚的武后，面對著迅速聚集起來的十幾萬叛軍並沒有慌亂，先是果斷地選定將領，派出三十萬大軍前往鎮壓，而後把趁機上奏逼宮，要她把權力歸還給小皇帝的宰相裴炎抓起來殺了，威嚇住其他也有異心的人。與經驗老道的武后相比，李敬業等人不過是紙上談兵的紈褲子弟。此外，他們還懷有私心，打著匡復大唐的口號卻不直接攻打洛陽，而是跑去打自古便是帝王發家之處的金陵，讓天下人紛紛搖頭，覺得這些人不過是些占山為王的小屁孩。於是，一群烏合之眾對上訓練有素的正規軍，很快就潰不成軍，三個月就被幹掉了。

唬弄百姓好稱帝

雖然叛亂很快就被平定，武后也化危機為轉機，進一步鞏固了權力與威望，然而，那畢竟是一個強調君主至上的男權社會，自己卻以皇后及太后的身分長期干政，即使政績卓著，仍

然和根深柢固的傳統觀念相悖，否則，李敬業也無法一下子就號召到這麼多人。因此，為了與時代抗衡，逆流而上，她知道自己必須祭出非常手段。

用什麼方法呢？

四個字：恐怖統治。

武后下令製造銅匭，也就是銅製的小箱子，放在洛陽宮城前，隨時接納臣下表疏。然而，不是所有人都會寫字，或是住在洛陽的。因此，為了讓所有人都能方便告密，她還規定只要是想告密的人，就算是家住在很遠的農民或樵夫，國家也要提供車子和食物，把這些人接到洛陽來親自見她。如果告的事情武后覺得有道理，就可以破格升官，如果只是胡說八道，也不會被問罪。同時，她又任用索元禮、周興、來俊臣等一批酷吏，用種種酷刑和羅織罪名的方法來對付異己。在酷吏們的審訊之下，能活著出獄的人很少。隨著告密之風日益興起，被酷吏嚴刑拷打致死的人日漸增多，朝廷內外瀰漫著恐怖的政治氛圍，很多大臣們上朝之前，都要哭著和家人訣別，整天提心吊膽。

在武后的高壓統治下，反對勢力紛紛被剷除，再沒有人能夠真正威脅到她，然而，要想坐上帝王寶座，她還必須更多輿論支持。剛好這時候，有個叫唐同泰的人獻上一塊石頭，說是從洛水撈上來的，上面寫著：「聖母臨人，永昌帝業」，這可是一大祥瑞，暗示武后就是老天指定的帝王。大家一定想要吐槽，什麼天意，分明是武后自導自演。這是不是武后授意我們不曉得，僅知道是她姪子武承嗣讓人弄出來的，只能說，在那

普遍迷信的年代，人們真是太好唬弄了！

總而言之，武后趁這個機會，給自己上了個尊號，叫「聖母神皇」，就是告訴大家，老娘是太后也是皇帝，二位一體！接著又宣布，為了感謝上天賜下那顆她稱為「天授聖圖」的石頭，要在剛修建好，代表天子權威的明堂裡祭天，各地的大臣、外戚、宗室都要到洛陽來看她顯擺。消息一出，李唐宗室立刻緊張了，叫咱們通通到洛陽想幹什麼呢？分明是想一網打盡！於是便想先下手為強，約定好日子一同起兵。然而，兩位主謀之一，德高望重的高祖兒子韓王李元嘉有位姪子，因為怕失敗被武后報復，就很孬地跑去向武后告密，結果宗室們只好倉促起兵，最後失敗告終，真的是不怕神一樣的對手，就怕豬一樣的隊友！

藉著這次謀反的事，武后讓周興來審理，把相關宗室都關到監獄裡，能殺的就殺，或者流放，幾個月的肅清下來，李唐宗親已是所剩無幾。

掃平了一切阻礙，便要準備稱帝。

武后造了個新字，當作自己的名字，就是我們一開始提到的「曌」。接著，又讓僧人法明獻上《大雲經》，裡頭有兩則女主天下的故事：一個是天女淨光，說她本為國王夫人，死後成為菩薩，後來又轉生成女人當上國王；另一個則是南天竺國王的女兒增長，在爸爸死後被擁戴而繼承王位。為了使生澀的佛經能在民間廣為流傳，武曌的男寵薛懷義組織了一群和尚，寫了本大雲經的註釋，把當時很流行的彌勒信仰和這兩件事結合起來，宣揚武曌就是彌勒轉世，要來拯救蒼生。

　　好啦，這下證明自己是受命於天了，那麼，民心所向又該如何證明呢？

　　這個不用武曌操心，自會有善解人意的大臣去張羅。果然，夏天剛過，侍御史傅游藝就率領關中百姓九百多人上表，請太后自立為帝。武曌雖然推辭了，不過大家都知道那只是矯情一下而已。因為怕武曌覺得拍手歡呼的聲音不夠大聲，所以第二次請願的時候，來了六萬多人，文武百官、王室宗親、四方百姓、其他民族的首領及和尚道士都加入了陳請的行列；而這場大戲的高潮，則是站在人群最前方的李旦也請求武后當皇帝。隆重的排場讓武曌過足了癮，便對大家宣布：既然你們都想要我稱帝，那我就順從民意吧！

　　就這樣，中國歷史上唯一的女皇帝便產生了，她自稱「聖神皇帝」，改國號為周。這一年，武曌已是六十六歲。

牛頭阿旁哥與冤獄專家來教授

　　武曌雖然重用酷吏來打擊反對者和潛在敵人，但那只是用來奪取皇位、穩固權勢的階段性政策；因此，她一成為皇帝就立刻著手整治這批惡棍。在這些名單中，影響力最大也最顧人怨的，便是酷吏中的老大哥周興，以及後繼的來俊臣。

　　周興從小學法律，是個很有才幹的人，高宗曾經注意過他，卻因為他只是個衙門裡打雜的小弟而沒有進一步提拔，畢竟在那樣涇渭分明的等級社會，官與吏雖都是替朝廷做事，地位卻有如天壤之別。他日復一日處理著繁瑣枯燥的例行事務，看不見往上爬升的希望。當周興如往常一樣埋頭抄寫著一卷

又一卷的法律檔案，衙門外頭突然一陣喧嘩，他以為又有人來抗議法官判決不公，卻聽旁邊幾個坐領乾薪的高級公務員閒聊著：「嘖嘖，又是一群跑去向太后告密的鄉民。」他還在疑惑卑賤的鄉民怎麼能得到太后的接見，就接到一份政府公文，上面寫著：喜歡打小報告的人有福啦！周興立刻丟下了筆，迅速跑到相關單位去報名，就這樣加入告密行列。因為在司法單位服務多年，他非常清楚要怎麼製造冤獄，對拔指甲、抱鐵柱這種酷刑更是如數家珍。貼心又敬業的他，只要武老闆想對付誰，肯定盡其所能把人弄得死去活來，再讓最多的人受牽連，因此官運一路亨通，穩居酷吏排行榜的第一名。

周大哥心狠手辣的程度讓當時的人既痛恨又恐懼，稱他作「牛頭阿旁」——地獄獄卒二人組牛頭馬面中的牛頭，阿旁哥最喜歡的事情就是笑瞇瞇地看著大家上刀山、下油鍋。當時很多人罵他無恥，學法律的人竟然這樣踐踏法律，周興也不生氣，很有風度說了句：「謝謝指教。」一轉身便讓人在衙門口的跑馬燈亮出幾個字：「被告之人，問皆稱枉。斬決之後，咸悉無言。」昭告世人：老子就是這麼牛，不爽來戰！

這麼邪魅狂狷的阿旁學長，再牛也牛不過高貴冷豔的校長她娘，在武曌的指示下，酷吏界的新秀來俊臣立刻出動捉拿學長。這位長相俊美的小學弟十分腹黑，不直接把學長抓起來審訊，而是邀請周興到他家來喝酒。酒興頗濃的阿旁學長口沫橫飛地傳授著如何屈打成招的寶貴現場經驗，小學弟崇拜地望著他，說：「學長你好厲害噢！我都沒辦法讓犯人招供，教教我怎麼辦嘛！」被稱讚的學長頓時飄飄然，說：「簡單啦！你就

找個大缸，底下放炭火把缸子燒得火燙，叫人進去坐坐，包管什麼都招了。」來俊臣聽完便讓人搬來一個大缸子，照周興的話做了，等到炭火燒得正旺，就眨了眨眼，對他說：「校長叫我查你謀反的事情，學長，請你到我碗裡來吧！」阿旁哥嚇得要死，膝蓋不爭氣地軟了下來，跪在地上求他：「好學弟別這樣，你要我招什麼，我照說便是。」這便是成語「請君入甕」的由來。經過此事，阿旁哥再也牛不起來，流放邊疆途中被仇家堵到，兩眼一瞪，就遭千刀萬剮，下地獄見正版牛頭阿旁去。

　　學長死了，自然就由學弟接班。來俊臣不只繼承了酷吏的衣缽，還發展出一套理論，寫了一部非常著名的「羅織經」，教大家怎麼編造罪狀、虛構情節、陷害別人，簡直就是冤案製造教科書。他每天都忙著陷害不同的人，以證明書中的指導真的有效，大家都很害怕來教授哪天眼一瞧，就看上自己，拿來當作實驗對象。於是，以武承嗣為首的一批朝臣在會議上報告，來教授不但作惡多端，還想造反自己當校長！雖然武曌知道造反什麼都是亂說的，不過把酷吏通通除掉早已是既定路線，就順勢殺了他。因為恨他入骨的人實在太多了，來俊臣在廣場上被斬首示眾時，人頭甫一落地，圍觀的人就蜂擁而上，扒皮抽筋、挖眼掏肺、踏骨碾肉……屍體一下子便支離破碎，血肉模糊。眼見大家這麼痛恨酷吏，武曌便裝作一副清純無辜白蓮花的樣子，告訴大家：「之前那些案子都是周興和來俊臣去審的，我找人再去問，那些人也都承認了，我就以為他們真的謀反。現在兩個人都死了，就沒再傳出有人造反，可見當時

一些冤獄，都是他們弄出來的。」幾句話就把責任推得一乾二淨！

第六章　左擁右抱的老奶奶

　　媽媽做了皇帝，風光無限地號令天下，那麼，讓了位的兒子怎麼辦呢？

　　當初李旦會主動禪位，固然是因為實權本就掌握在老媽手上，倘若不順從她的心意，只怕和幾位哥哥一般落得悲慘的下場；但另一方面，李顯被貶到外頭，武曌在朝中的兒子就只剩自己，何況她也已經六十幾歲，過不了多久就會死去，等到那時候，還不是得傳位給自己。許多願意為武曌做事的大臣顯然也是這樣想的；然而，這件事卻不如他們想的那樣理所當然。

武李械鬥

　　武曌為了坐上皇位，辛辛苦苦奮鬥了這麼多年，可說是機關算盡、滿手血腥；如果最後還是讓姓李的兒子當了皇帝，自己好不容易經營起來武周企業，不就一下子又要改叫李唐企業了嗎？但是，如果讓姪子當繼承人，雖然姓武，但畢竟不是自己的孩子啊！

　　拿不定主意的武曌，就這樣一直不立太子，只給李旦一個皇嗣的封號，同時把幾個姪子都封王。不同於被老媽長期防範和監視，徒有虛銜的李旦，魏王武承嗣卻是大受重用的宰相，在武曌稱帝的道路上，他著實貢獻良多，權勢僅次於皇帝；在這一消一長間，李旦與武承嗣的太子爭奪戰便於焉展開。

　　武曌即位的第二年，野心勃勃的武承嗣讓人發動了一次請

願活動，指使王慶之帶著幾百個小老百姓聯名上奏：廢掉皇嗣李旦，立武承嗣為太子，王慶之更當面對武曌點明：「武家的天下，怎能讓李家人繼承？」一句話便道破了她心中的矛盾，便找來另一位宰相岑長倩商量，這位李唐老臣立刻說：「皇嗣又沒犯錯，怎麼可以隨便就廢掉？而且繼承人這麼重要的事情，哪輪得到這些基層小職員碎嘴！」後來王慶之又一天到晚跑去找武曌，儼然不達目地不罷休，弄得她煩得要死，我想立誰就立誰，不想立就誰也不立，敢逼我，看我怎麼教訓你！於是便讓鳳閣侍郎李昭德去揍他。李昭德是個血性漢子，對一天到晚動歪腦筋的武承嗣早就非常痛恨，一接到這個任務，就大喝一聲，活生生把王慶之打死了，回去報告工作完成時，便對武曌說：「從以前到現在，沒聽說姪子當皇帝後會給姑姑立廟祭祀的。而且武承嗣現在是魏王又是宰相，權力這麼大，您就不怕他造反嗎？」這兩句話簡直一針見血，戳到了老闆最忌憚的兩件事，武曌便罷了武承嗣的宰相位，削去他的權柄，又把李昭德升為宰相。這下偷雞不著蝕把米，讓武承嗣是欲哭無淚。

那邊的姪子笑不出來，這邊的兒子也不好過，原因是他惹到了一朵爛桃花，武曌身邊的侍婢韋團兒。話說聰明伶俐的團團姑娘愛上了李旦這個溫文爾雅的草食男，於是便大張旗鼓地展開追求，可是李公子一見到她，就想到那個兇巴巴的老媽，任她再嫵媚妖嬈，於他卻只是如坐針氈般的煎熬。勾引失敗讓團團姑娘惱羞成怒，跑去主子那邊誣告皇嗣的兩個妃子行厭勝術詛咒武曌。第二天，陪伴李旦多年的兩個妃子就人間蒸發。

雖然後來有人告訴女皇，韋團兒根本是胡說八道，武曌就把她殺了，但兇手伏誅又怎樣？對李旦而言，死去的人再不會回來，幾個兒子也被降成了親王，和自己被關在一起軟禁，偷偷跑來探望的大臣會被腰斬，而武家依然虎視眈眈……悲哀到麻木的李旦一滴淚都流不出來，只能強顏歡笑，惶惶度日。

就在這時，武承嗣又落井下石，密告皇嗣謀反。這案子交到了當時還沒領便當的來俊臣手上，熱衷活人實驗的教授非常興奮，能好好折磨皇帝兒子可不是天天都能幹的事！刑訊室一時哀鴻遍野，有如人間煉獄，李旦閉上眼睛，就這樣吧，或許死反而是種解脫。當來俊臣逼供地差不多時，卻忽然有人高聲叫道：「皇嗣沒有造反！你們既然不信，那我就剖開心臟來證明吧！」說完，一刀捅進胸腔，頓時鮮血飛濺。武曌聽到這位名叫安金藏的樂工如此剛烈，趕快叫人去急救，等他手術完成，醒來之後，便見皇帝神情複雜地嘆了口氣，說：「我連自己的兒子都不相信，才害你要這樣做啊！」之後便沒讓案子再繼續審下去。

皇帝年事已高，立儲之事卻懸而未決，始終是最熱門的話題，這對國家而言可不是好事，朝中一干臣子都憂心忡忡，此時，一位老爺爺摸摸鬍鬚，告訴大家，別擔心，我來。他便是大名鼎鼎的狄仁傑，因為才幹和經驗都是國寶級，又和老闆一樣老，所以號稱「國老」。狄爺爺跑去找武奶奶，兩個老人本來還在嗑瓜子、話家常，他卻突然正經八百地提起立太子的事情，並勸女皇也該讓盧陵王李顯回來啦。其實爺爺不過是把之前李昭德說過的話又重複了一次，可是講的人不一樣，效果也

就不同，畢竟狄爺爺可是國寶啊！加上武奶奶的兩個男寵張易之、張昌宗兄弟也勸她召回李顯，立為太子，武奶奶便在狄爺爺又提起這事時，說：「好吧！你那麼愛李顯，我把他還你就是。」關於爺爺和奶奶的事情我們在第五部會詳細介紹，這裡就不再贅述，等不及想知道的人可以先翻到後面，雖然沒有桃色糾葛，但也絕對精彩。

回到武氏和李氏的家族火拼，大家或許會覺得奇怪，之前不都是壞心的武承嗣在欺負李旦，關遠在天邊的李顯啥事呢？怎會無關？李旦之前也是當過皇帝的！對狄爺爺這種心繫李唐，又忠心為國的人來說，李顯還是李旦當皇帝都沒差，把哥哥接回來還能壯大李家的聲勢；而對比較有私心的人而言，如果能讓李顯重新當上皇帝，那他們可就擁戴有功，前途無量啊！張氏兄弟和在他們後面下指導棋的宰相吉頊便屬後者。就這樣，流浪多時的李顯回到了洛陽，李旦知道後非常開心，哥哥你終於回來了！於是就主動請武后立李顯為儲君。武曌想，自己死了之後就沒人罩武家人，一直在外面的李顯沒有參與武李械鬥，當皇帝後應該比較不會為難武家吧！由於上述種種原因，李顯便被正式立為太子，繼承人之爭就此落幕。

藍顏禍水小蓮花

這時候的武曌已經七十幾歲，工作奮鬥一輩子，實在是累了，對國家大政已不再那麼關心，開始天天玩樂，想要在生命的最後好好享受一番。

張昌宗本來是太平公主包養的小男寵之一，出身官宦之

家，爺爺張行成做過高宗的宰相。他是一位清秀儒雅的翩翩美少年，吹拉彈唱樣樣精通，武曌初見時就很喜歡，直接把他留在身邊，撫慰寂寞的芳心。張昌宗得到女皇的寵愛後，又推薦了自己同父異母的哥哥張易之，於是兄弟倆就同心協力伺候武曌。

這兩個精力充沛，天天都能想出不同事情來逗她開心的活寶，讓女皇不必像在其他朝臣，甚至是家人面前那樣蹦著臉，可以輕鬆自在地跟他們一起嘻笑怒罵，彷彿回到以前爸爸武士彠還在時，那個天真美好的孩提時代。因此，她常常帶著二張到處遊山玩水，各種聚餐派對也一定拉著他們參與。

一時之間，張氏兄弟成了朝廷裡最火的人物，許多人都跑到他們身邊獻殷勤，或是混個臉熟，並稱張易之為「五郎」，張昌宗為「六郎」，連武曌的姪子武三思也極力討好這兩個人。有一天，武三思當著女皇帝的面說：「六郎不是人！」武奶奶一聽，越來越遲鈍的腦子一下沒反應過來，愣了一會兒，才問：「那他是什麼？」武三思高深莫測地回答：「六郎這麼美，怎麼會是凡人？他一定是神仙王子喬的轉世！」王子喬是周靈王太子姬晉，傳說他很會吹笙，吹一吹就羽化成仙，隨風而去，後來還乘著白鶴現身在山上，是武曌很嚮往的人物。因此，聽姪子這麼一說，武奶奶高興壞了，就讓張昌宗穿上羽毛衣服，騎在木鶴上吹笙，那風流飄逸的模樣，完全就是仙人啊！還有一次，一群大臣跟著武曌和張氏兄弟一同出遊賞蓮，一見到花，就立刻有個馬屁精說：「六郎的美，就好像蓮花一樣。」一位叫楊再思的宰相聽了，便道：「蓮花算老幾？應該

是蓮花像六郎才對！」

　　武曌想給他們弄個官玩玩，於是就設立了「控鶴監」讓兩人管理，後來改名「奉宸府」，專收美男子和有文采的青年俊才。女皇下朝之後，便泡在這裡和帥哥們一起唱歌跳舞、吟詩作對，或者喝酒賭博，儼然是處大型娛樂中心。後來，武曌可能也覺得天天玩樂不太好，就叫張氏兄弟去編編書，對文壇作點貢獻。在他們的主持下，編了本《三教珠英》，這是一部闡釋儒、釋、道三家學術思想的詩歌集，當時有許多有名的詩人都參與了，像是宋之問，還有杜甫他爺爺杜審言。

　　隨著年紀越來越大，武奶奶的身體也越來越差，把很多事情都交給張氏兄弟處理。他們仗著武曌的愛寵，非常驕橫，只要看誰不順眼，晚上就跑到老奶奶耳邊告狀。太子李顯的長子李重潤，女兒永泰郡主和她老公武延基私底下聊天，說這兩個男寵不過是長得好看，又會點音樂，沒什麼本事卻想來干預朝政，話被李重潤同父異母的弟弟李重福聽到了，他老婆是張易之的外甥女，就這樣傳到了二張耳中。張氏兄弟告訴女皇後，武曌非常生氣，覺得竟敢說我寶貝們的壞話，便把李顯找來罵得狗血淋頭，李顯嚇得要死，趕快叫李重潤與武延基自殺，免得拖累自己。年僅十七歲的永泰郡主剛結婚一年，馬上就要生孩子，一聽哥哥和老公的噩耗，受不住打擊而早產，孩子跟自己都死了。

　　三個人不過在背後嚼嚼舌根，就落得這樣的下場，讓當時的人看清楚了，得罪誰也不要得罪二張！李顯、李旦和太平公主為了討好他們，聯名上奏請求封張昌宗為王，但武曌覺得他

既非皇室宗親，又沒什麼功勞，被封為王不太合適，就改封他為「國公」。

被冊封的張昌宗更加目中無人，精力充沛的小蓮花一刻都不肯閒著，他想著，雖然李顯表面上對他們很恭敬，但對之前四條人命的事情一定懷恨在心，以後如果當上皇帝，哥倆可就倒楣了，乾脆一不做二不休，想辦法扳倒太子！於是就向武奶奶打小報告，說宰相魏元忠和太平公主的情人司禮丞高戩暗中議論：「皇帝年老了，不如侍奉太子長久。」武曌氣得要死，哪壺不開提哪壺！在聽完張悅的證詞後，便將他們關起來。這下一幫大臣緊張了，魏元忠是宰相也是太子的東宮官僚，張昌宗針對的對象很明顯就是李顯。雖然最後張悅在朝廷上臨時變卦，沒有幫著二張陷害人，武奶奶就算年老有些癡呆，卻也不是真糊塗，她也知道這兩個磨人的小妖精在胡說八道，不過知道又怎樣，能不幫著他們嗎？最後，魏元忠和張悅被貶官，高戩則被流放。

幾件事下來，二張不但得罪了當時最有權勢的李、武兩家，又喜歡貪污弄權，把國家搞得烏煙瘴氣，引起朝臣的不滿。在這樣的情勢下，一場風暴勢不可免。

神龍不會甩尾卻是結尾

長安四年（704），武曌重病在床，很少接見外臣，只留張氏兄弟在身邊侍奉。朝中一干大臣都很著急，深怕女皇一旦病逝，這兩個小人不知道會弄出什麼樣的事情，宰相張柬之於是決定先下手為強。

神龍元年（705）正月二十二日，天色昏暗，烏雲密布，一場經過縝密策劃的政變正在悄然進行。右羽林軍李多祚帶著軍隊來到東宮迎接太子，但李顯一想到她老媽就害怕，雙腿發軟，一步也邁不開，乾脆說他不去了。外面的將軍沒想到太子這麼窩囊，急得叫道：「您若反悔不參加了，便自個兒去跟外面的將士說吧！」李顯一聽，根本是赤裸裸的威脅啊！要是真說了，肯定被那些士兵碎屍萬段，只好戰戰兢兢地被帶著走了。

玄武門那邊，張柬之帶領的軍隊在門前被一位將軍田歸道攔了下來，他手下的士兵直接受皇帝節制。張柬之好說歹說，田歸道就是不讓道，這個時候，太子李顯出現了，雖然心裡還是忐忑不安，可面上已經冷靜下來，頗有威嚴地要田歸道靠邊站。未來的主子都發話了，田歸道敢不閃嗎？側身一讓，大手一揮，兄弟們，咱啥都沒看到。軍隊長驅而入直搗黃龍，就要進到武曌的寢宮，二張一聽風聲，覺得有蹊蹺便出門查看，剛一探頭，就被太平公主安排當內應的宮女亂刀砍死、血肉模糊。眼看這兩個混帳終於伏誅，宮女們甚是得意：任你是蓮花還是菊花，姑娘們只管辣手催花！

二張死前的淒厲哀嚎驚醒了半夢半醒的女皇，她眉頭一皺，問道：「誰在作亂？」雖然尚在病中，武曌仍然不怒自威，嚇得李顯動也不敢動，怕武后看到他，立刻就衝上來把自己宰了。看太子這麼沒用，張柬之只好自己上，開口就說，張易之和張昌宗謀反，太子已經叫我們把他們幹掉了，因為怕消息走漏，所以就先斬後奏了！女皇一聽，暗忖：狄仁傑你這老

奸巨猾的傢伙，當年推薦我此人，原來就是等著這一齣。縮在門邊那團東西是什麼？原來是太子呀，既然二張都被你們殺了，你還待在這幹嘛？滾回東宮去啊！李顯一聽，就要拔腿狂奔，卻被旁邊的桓彥範拉住，高聲叫道：「天下都懷念著李唐，請您傳位給太子吧！」被逼宮的武曌也不生氣，懶懶地掃視著幾位大臣，看到李義府的兒子李湛，說：「你也參加了？我對你們父子這麼好，你就是這樣回報我的？」說得李湛愧疚地低下頭。女皇又對崔玄暐說：「其他人都是靠別人推薦才有今天，只有你是我親自提拔的，你怎麼也這樣啊？」崔玄暐眨了眨眼睛，真誠無比地回答：「我是用自己認為正確的方式來報答您啊！」

聽完這句話，她揚起嘴角，笑了起來。

叱吒風雲大半生，歷經無數波折、化解多次凶險，卻仍敵不過年老體衰的宿命。她從未如此感到力不從心——在時間巨輪的碾壓下，饒是素來強悍的自己，也只能俯首稱臣。

女皇疲倦地倒回床上，慢慢閉上眼睛。

第二天，武曌下詔李顯監國；第三天，宣布傳位太子。

掌握了幾十年的權柄，就這麼拱手讓人。

第四天，李顯正式即位，第二次登上皇帝寶座。

武曌被移往上陽宮，身邊只有兩個年長宮女的陪伴，孤零零地被軟禁起來。她的身子越發孱弱，本還虎虎生風的面容迅速憔悴，妝也不再化了。李顯看到武曌這副模樣，大為驚訝，一向神采飛揚，即使在病中仍然猶自生威的母親，怎會落魄如斯，衰老至此？

　　瞧見兒子目瞪口呆的神情，武曌只是平靜地看著他，這不就是你想要的？李顯愧疚地無地自容，灰溜溜就跑走了，從此再也不敢去看媽媽，怕一見到她，就想起自己的不孝。

　　在一個寒風凜冽的夜晚，八十二歲的武曌病逝。臨終前，她留下遺詔：去帝號，稱則天大聖皇后，與高宗合葬，並赦免王皇后、蕭淑妃、褚遂良、韓瑗、來濟與柳奭的族屬。

　　生命的最後一刻，她放棄自己為之奮鬥一生的帝號，也原諒所有曾經和她作對的人。

　　什麼愛憎情仇，什麼皇圖霸業？人生在世，終歸一缽黃土。

　　她闔上雙眼，呼吸越漸微弱。

　　當心跳停止的那刻，所有往事也就隨風飄散，消逝在煙塵中。

　　武則天死後，中宗李顯親自護送她的靈柩，從洛陽回到長安，遵從媽媽的最後遺命，將她葬在乾陵，並在外頭替她立了道高大的石碑，上面不書一字。

　　這位毀譽參半，功過不一，中國歷史上最高齡，也是唯一的女性皇帝，就這樣長眠陵中，功過任人評說。

武則天生平

階段	公元	年齡	事件
童年	624	1	出生。
	635	12	父死。
才人	637	14	被召入宮立為才人，太宗賜名媚娘。
尼姑	649	26	太宗駕崩，在感業寺出家。

宮女	651	28	再度入宮。
	652	29	長子李弘出生。
昭儀	654	31	受封為昭儀。
皇后	655	32	被立為皇后。
	656	33	長子李弘被立為太子。三子李顯出生。
	660	37	開始參與朝政。
	662	39	四子李旦出生。
	664	41	廢后風波後，正式臨朝聽政，與高宗合稱二聖。
天后	674	51	高宗稱天皇，武后稱天后。
太后	683	60	高宗死，李顯登基為中宗，武后控制朝政。
	684	61	廢中宗，立李旦為睿宗，武后實際掌權。
皇帝	690	67	睿宗讓位，稱帝，改國號周。
	698	75	復立李顯為太子。
	705	82	神龍政變，武后被迫退位；病逝。

第 三 部
大唐企業不血汗

第一章　一人滅一國的奇蹟大師：王玄策

魅力★

智力★★★★★

統率★★★★

政治★★★★

外貌★

評價★★★

　　王玄策是一位唐朝外交官，曾四度出使印度，還無意間締造了一人滅一國的傳奇，照理說，史書上應該大書特書才對；但為什麼左翻翻、右找找，卻只能找到寥寥數行敘述呢？更令人唏噓的是，他辛辛苦苦將這些旅行心得集結成《中天竺行記》一書，希望後世能依循他的腳步遊歷印度，卻因為書賣得不好導致絕版，使心願落空；現在，我們只能從其他人的遊記引言裡，窺見一些隻言片語、斷簡殘篇。由這些線索，我們可以推測：王玄策當時在國內應該沒什麼人氣，可能當時資訊不發達，沒有電視和手機，無法使用社群網路來即時分享他的心情與照片，而他的同期兼換帖，像秦叔寶、李靖和李勣等人，則勤跑基層，常與百姓交流互動，因此知名度大幅領先身在國外的王玄策。更悲慘的是，不知是史官懶得查證還是筆誤，連他的生卒年月都記載地不清不楚，只留給後世一個身世神祕、形影飄忽的唐朝節度使。

　　雖然前面說了一堆不知是褒是貶的話，不過，筆者對這名外交官的景仰，就有如滔滔江水——綿延不絕啊！現在，就趕快一起來膜拜一下，王先生用兵如神、舌燦蓮花的英姿。

　　話說，唐朝的時候稱當時的印度為「天竺」。天竺國分成東、南、西、北、中五大勢力，其中，中天竺以壓倒性的實力統一分裂的印度半島，建立了摩揭陀帝國。玄奘約莫就是在這個時期去天竺取經的，在那裡，他終日沉浸在佛法的精妙中，一待就是十幾年。除了吸取天竺的佛學，他也不忘宣傳大唐的文明，引發了國王的仰慕與好奇，派遣使者到唐朝交流，成為禮尚往來的好朋友。

　　公元643年，王玄策第一次出訪天竺，這時他還沒沒無聞，只能當個小副手，聽長官的命令行事。四年後，王玄策受太宗之命，以正使的身分再度前訪印度，太宗還編配了一位副使蔣師仁給他，一行人風風光光從首都長安出發。正當這群使節團帶著出遊踏青的心情漫步在往天竺的路上，當時的中天竺卻發生了一件大事——國王屍羅逸多死了！中天竺一時動盪不安，一名叫阿羅那順的大臣趁機篡位，自立為新王。

　　使節團千里迢迢來到了天竺，興高采烈地認為會像以往一樣受到熱情款待，新王派出的卻不是禮車禮炮夾道歡迎，而是兩千士兵的伏擊。這些使節很快就被殺得七零八落，王玄策與副使蔣師仁也被俘虜，後來才趁隙逃出。這場突如其來的變故，讓王特使心裡升起一把熊熊烈火：我可是堂堂天朝的外交大使欸！帶著這麼多禮品遠赴番邦，理當受到殷勤接待，讓人伺候得舒舒服服，沒想到卻莫名其妙被捅一刀，這口氣能嚥得

下去嗎？不能！然而，現在自己身邊只剩下副手，如何教訓阿羅那順這混蛋呢？

王特使自然不會被這樣的事情難倒，他帶著僅存的副手策馬北上，翻越喜馬拉雅山脈，來到了吐蕃王國，憑著那張外交官必備的三寸不爛之舌，花言巧語說服文成公主的老公——吐蕃國國王松贊干布借他一千兩百名精兵。王玄策評估後覺得這樣的兵力還不足以打爆陰險的阿羅那順，因此再跟邦交國尼婆羅國（現在尼泊爾一帶）調借了七千騎兵，接著又陸續向附近屬國徵招兵馬，就這樣拼拼湊湊，最後湊到了一萬兵馬的聯合部隊。王玄策自己當起了總指揮，蔣師仁為先鋒，朝中天竺進攻。為什麼不是王玄策向前衝衝衝呢？畢竟他只是出一張嘴的文官，衝鋒陷陣還是交給專業的人去吧！

阿羅那順看到來者不善的聯合大軍，馬上祭出最自豪的「象軍」迎戰，這是南亞地區的一種特殊作戰方式，士兵們乘坐大象在前線衝鋒，試圖打亂對手陣營，後頭緊跟著步兵，用母雞帶小雞的方式闖入敵陣中廝殺，光看氣勢就足以嚇倒一票人。不過，王玄策可不是沒見過世面的路人甲，雖然沒有指揮打仗的經驗，但書也不是白讀的，他想到用「火牛陣」來應對，因為動物們都是怕火的。這個靈感大概是出自戰國時的田單，當年田單便是用這個戰術成功大破燕軍收復七十多座城池。王玄策如今也用這招，數萬象軍因而自亂陣腳，後面跟著的士兵也被受驚慌的大象衝撞踩踏，死傷慘重，阿羅那順看到這情況，嚇得轉攻為守，躲在城內拒不出戰。

王玄策現階段處於大開主角威能，攻無不克的無敵狀態，

一心想雪恥的他輪流祭出唐軍攻城中最有殺傷力的幾個戰術，以雲梯車、弩車、投石車、火攻等猛攻天竺城，三天三夜後，終於攻破城池。阿羅那順見大勢已去，棄城逃到了東天竺尋求援助，企圖反攻。王玄策覺得這人實在記不起教訓，大怒之下繼續揮師東進，終於將他擒獲，其餘殘黨也被全數殲滅。看到阿羅那順不自量力的反抗結果，擔心自己也會遭受池魚之殃的東天竺王屍鳩摩，連忙送上牛馬萬頭、金銀財寶無數，向王玄策謝罪賠不是，王玄策這才平息怒火，帶著引發這場滅國騷動的元凶與戰利品，風風光光回國去了。

　　王玄策「一人滅一國」的傳奇事蹟，現在只能透過少許史書資料才得以窺見，原因可能在於當時看重門閥的觀念：即使功績赫赫，但他並非出身名門，底下子孫在政治上也沒有什麼發揮，因此無法被立為專傳。不過，通過一些零散的紀錄，我們仍可以從中想見王玄策過人的膽識，瞻仰他迷人的風采！

第二章　剛直又嫵媚的管家婆：魏徵

魅力★★★★★
智力★★★★
統率
政治★★★★
外貌★★★★★
評價★★★★

　　魏徵是歷史上最負盛名的諫臣，常常讓大老闆唐太宗氣得要死，卻又莫可奈何，我們就來看看這對活寶之間的相處，是如何激盪出貞觀之治吧！

您喜歡聽我碎碎念嗎？

　　隋末大亂時，魏徵先後為李密和竇建德做過事，但都不怎麼受重用；降唐之後，立下不少功勞，就被太子李建成招來底下工作。玄武門之變後，舊老闆被殺，魏徵也丟了工作，正愁無處可去之際，就被當上皇帝的李世民召去，美其名面試，其實是要質問他：之前為什麼要一直建議李建成先對他下手，挑撥他們兄弟間的關係？魏徵坦蕩蕩地回答：「那時候給我薪水的是李建成，我當然要為他著想。要是他肯聽我的話，今天就不是你當老闆了！」太宗很欣賞魏徵的忠心和膽識，就把他留了下來，讓他做「諫議大夫」。

　　其實，魏徵原本就是個很喜歡提建議的人，只是之前的老闆都不怎麼愛聽，所以他一直鬱鬱不得志；如今李世民卻讓他當了一個專門吐槽皇帝施政疏失的官職，簡直如魚得水，天天歡快地對著大老闆念叨。太宗雖然總是煩得要死，很想捅死魏徵，卻又覺得他吐槽得很有道理，於是生氣歸生氣，還是把他的話都聽了進去。有時候阿諛奉承的話聽太多，心裡覺得有點空虛，太宗就會跑去找魏徵，聽著熟悉的碎碎念才覺得踏實。

　　長孫皇后見老公常常跑去和魏徵串門子，覺得有點奇怪，可是內斂的她也沒多問，直到有一次，她親生的長樂公主要出嫁了，太宗特別疼愛這個女兒，讓相關部門準備了很多嫁妝，比她姐姐永嘉公主嫁人時還多一倍。魏徵知道了，就皺著眉頭說，姪女的嫁妝怎麼可以比姑姑高咧？太宗雖然覺得說得在理，但又想說自己不過嫁個女兒也要管這麼多，真是囉嗦死了，就向皇后抱怨了一番。皇后聽完，感慨地說：「我以前總是聽您稱讚魏徵，又三天兩頭往他家跑，一直不知道是什麼原因，現在總算知道了。我和您結婚多年，每次講話都還要小心翼翼的，不敢冒犯，魏徵卻敢這麼直接表達意見，您一定要好好聽他的話啊！」

　　有一年，太宗到洛陽巡行，經過昭仁宮時，負責供應食物用具的官員沒有張羅好，讓他吃到難吃的食物，非常不爽，就想懲罰那幾個官員，魏徵趕快阻止他，說：「以前隋煬帝只要吃的不是最好的，住的不是最棒的，就罰大家伏地挺身和交互蹲跳，弄得每個人都腰酸背痛，最後被踹下台，您當時也被罰過，現在怎麼能跟他一樣任性呢？」這話如同當頭棒喝，

立刻敲醒了太宗，說：「對啊！以前我經過這邊的時候都是買難吃的午餐、租會漏水的房子，今天能有這樣的待遇就該滿足了。」

見老闆這麼喜歡聽他嘮叨，魏徵覺得非常有成就感，便漸漸越管越寬，就連太宗下詔要納一位鄭姑娘為妃子他也不許。不要誤會，這可不是吃醋，是因為魏徵聽說那位姑娘早就已經是陸太太了，堂堂一個皇帝居然去搶人家老婆，這還像話嗎？太宗也覺得不像話，正要收回命令，陸家的人就跑來澄清，兩家只有生意往來而已。太宗還在半信半疑的時候，魏徵就在一旁冷冷地說：「他們否認這件事，那是害怕您娶不到美女，會怪罪他們啊！」太宗只好打消念頭。

讓你見識真正的妻管嚴！

雖然魏徵長期受太宗重用，可是說話總是直言不諱、很少修飾；太宗畢竟貴為一國之君，有時候也會忍受不了他的碎嘴。某天上朝，魏徵又在開會的時候公然和老闆頂嘴，太宗回到內宮後越想越生氣，直嚷著：「我一定要殺了這個鄉巴佬！」一旁的長孫皇后聽了，馬上立正站好，太宗困惑地問她：「妳幹嘛啊？」皇后回答：「恭喜皇上，賀喜皇上，有這麼忠心敢諫的賢臣，可見您是位有雅量的君主。」被老婆一誇，皇上喜孜孜地，便不氣了。

大家看到這邊，一定在想這魏徵也真是膽大包天，連皇帝都敢直接對嗆，不怕太宗哪天真的砍了他的腦袋嗎？事實上，魏徵還真的不怕，他太了解某人對他的複雜情感了——雖

然對自己這張得理不饒人的嘴恨得牙癢癢，但其實太宗就是愛這款，才會讓他一路升遷，最後當上宰相。太宗曾說：「魏徵所諫的二百多件事，都很符合我的心意，可見他對我是忠心耿耿啊！」可見兩個人確實十分投緣，不然，太宗又怎麼會說出「人謂魏徵剛直，朕卻見其嫵媚」，這種意味深長的話呢？

魏徵就像一個管家婆，不論是工作上或是私底下，只要發現太宗有不恰當的言行，就會一直碎碎念，念到他聽話為止。因為這樣，太宗有時候一見到魏徵就會覺得心虛。有一次，太宗得到了一隻小鷂鷹，正在開心把玩的時候，遠遠看到魏徵走了過來，暗叫聲糟糕，急急忙忙把鳥藏在懷中，魏徵走到眼前後，還若無其事地嘿嘿兩聲，說今天天氣真好，很適合發呆。本來以為這麼無聊的事情，魏徵頂多應個幾句就會走人，沒想到他早就發覺太宗的小動作，故意把話題一直延續，講個沒完，等到魏徵心滿意足離去後，懷裡的小鳥兒早就一命嗚呼，留下太宗自己一個人，無語問蒼天。

有魏徵在的日子，太宗就覺得自己像極了妻管嚴的老公：這也不行，那也不准，再這樣下去，早晚會像那隻小鷂鷹一樣被悶死，於是就把魏徵丟去外地出差，然後歡快地跑到終南山去打獵。神通廣大的魏徵不知如何得到了消息，就立刻回來，埋伏在門前磨拳霍霍，只要太宗一出門，就要好好對他說教一番，沒想到卻遲遲不見人影。魏徵覺得奇怪，進到宮中瞧瞧情況，看見太宗一副整裝齊備的樣子，一頭霧水地問道：「聽說您要去終南山打獵，怎麼還不出發呢？」太宗回說：「我本來想去的，打獵的行裝都已經穿好了，但我的眼皮一直跳，覺得

你一定會來阻止我，所以就不去了，你放心回家吧！」魏徵一聽，便轉身回去睡覺了。

愛恨糾葛只好挖墳

太宗和魏徵這一對賢君良相，一個寬宏大度，一個直言敢諫，共同攜手締造了大唐的貞觀之治，成為後世一段佳話。可惜，故事總不會只有美好的一面。隨著國家越來越富強，原本勵精圖治的太宗開始驕奢怠惰了起來，也沒有以前那般容人的雅量了。他自己也發現朝臣越來越少給他建議，就問魏徵：「為什麼大家現在都不喜歡議論國家大事了呢？」魏徵回答：「如果您虛心納諫，自然會有人提建議。大多數人都是明哲保身的，為了國家不惜犧牲自己的人很少，又怕說了什麼不合您的意思被治罪，所以乾脆不講了。」雖然魏徵正是少數人之一，可是連他也漸漸越說越少。

饒是如此，魏徵偶爾還是會忍不住拿愛的小手拍太宗幾下。貞觀六年，太宗覺得自己文成武德，仁義英明，中興大唐，澤被蒼生，因此就想去泰山封禪，正要讓大家開始商討細節，就聽到好久沒說話的魏徵大吼：「不可以！」太宗不爽地問：「為什麼不行？你是不是覺得我功勞不高、德行不尊、中國未安、四夷未服、年谷未豐、祥瑞未至？」如果是以前的魏徵，肯定會說是，然後就被現在的太宗拖出去斬了，還好他委婉了一些，說：「陛下雖有以上六德，但之前天下大亂，到現在經濟和人口都還沒恢復，中原一帶草都比人多，如果外國首長和外交官看到這樣的情形，肯定會輕視我們。勞民傷財做這

種事情，實在沒有意義啊！」一下點出了太宗不切實際的虛榮之心，讓他好沒面子。

到了太宗晚年，更是只顧玩樂，荒於政事，魏徵實在看不下去，便奏上著名的《十漸不克終疏》，列舉了太宗從即位之初到現在為政的十個變化。然而，這番用心良苦，太宗早已不太理會。

雖然已經不再聽魏徵的話了，但兩人畢竟這麼多年的君臣感情，魏徵死時，太宗非常傷心，痛哭了好幾天，哽咽地對其他人說了一段流傳後世的真情告白：「人以銅為鏡，可以正衣冠，以古為鏡，可以見興替，以人為鏡，可以知得失。朕常保此三鏡，以防己過，今魏徵俎逝，遂亡一鏡矣！」因為懷念魏徵，便讓大畫家閻立本為他畫像，並列入凌煙閣二十四功臣之一，還要把女兒嫁給他的兒子當媳婦。然而，侯君集謀反被殺時，因為他是魏徵推薦的，魏家因此受到牽連，太宗收回了要招魏徵兒子當駙馬的承諾。後來，有人說魏徵曾將自己寫給太宗的奏章讓當時的史官褚遂良看，太宗因此懷疑他是故意要博取名聲，氣得把當年自己親手為他書的功德碑都推倒打碎。

直到征高句麗的遼東之役失敗後，太宗才覺得後悔，感慨地說：「魏徵如果還活著，我就不會有這趟遼東之行了。」回國後便下令重新給魏家優厚的待遇，又讓人去祭奠他的墳墓，將以前推倒的墓碑又重新立了起來。

雖然結局不盡如人意，然而，太宗和魏徵的君臣情誼還是難能可貴，以至於到現在，只要提起太宗，一定會想到魏徵；一提起魏徵，也肯定會想到太宗。兩個人生前糾葛了這麼久，

死後仍然被湊在一塊，若是太宗地下有知，也不知道是開心地
多，還是無語地久呢！

第三章　斷案如神的國寶級爺爺：狄仁傑

魅力★★★★★

智力★★★★★

統率★★★★★

政治★★★★★

外貌★★★★★

評價★★★★★

　　狄仁傑之於武則天是一個非常特別的存在。武則天在位的時候，狄仁傑擔任她的宰相與智囊，是可以共商國家大事的夥伴，也是可以傾吐心事的閨蜜；但在武則天欲立自己的姪子武三思為皇儲的時候，狄仁傑卻用「順應民心」的理由勸阻她，武則天受不了狄仁傑的碎念攻勢，只能打消念頭改納盧陵王李顯為太子，因此後世史書都大大表揚狄仁傑的愛國精神，因為他的犯顏直諫使大唐宗室得以延續，說他於「上承貞觀之治，下啟開元盛世的武則天時代，為國貢獻卓著」。除了《狄公案》裡料事如神、判案猶如包公上身的神探身分外，劉天王與趙小天王主演的神探系列也是讓人印象深刻，究竟歷史上的本尊是否真如電影所詮釋的一般，帥氣十足、文武雙全、風度翩翩又公正不阿？這應該是許多少女、熟女、大齡女與粉絲都想知道的八卦。

萬人迷總是遭人妒忌

武則天出生五年後，未來的國家棟樑狄仁傑也出生了，說巧不巧，兩人都是山西人，果然是命中注定要糾纏一輩子的緣分。

狄仁傑出生公務員世家，爺爺和爸爸都替政府做事，理所當然也期待天資聰穎的狄仁傑能繼續當官，於是從小就讓他接受菁英教育。被稱為「神童」的狄仁傑也不負眾人的期望，慢慢長成一個文武雙全的大帥哥。本來科舉考試只有文舉，但武則天覺得現行制度太無聊了，只會招進一群書呆子，於是增加了武科招考，讓頭腦簡單但肌肉發達的人也有機會晉升仕途。不論文科還是武科，錄取率都非常低，有些人考了一輩子卻連最基本的資格考都過不了，而狄仁傑卻一次就報了兩門考試，並奪下雙科狀元，真是太令人眼紅啦！

成績優異的他被指派到河南的汴州去當判佐，這是從七品下的職位，算是一個不錯的開始。狄仁傑年輕有衝勁，正要大展抱負之際，卻遭到一個小吏的誣告，史書上並無記載狄仁傑被誣陷的理由，不過八九不離十是極度眼紅加分外妒忌等自卑情結引發的黑函動機，沒想到卻因此讓狄仁傑遇到人生中的第一個貴人。

當時朝廷為了監督地方行政官有沒有瀆職，或魚肉百姓等違法情事，會派中央官員到各地巡視監察，這時中央來了一個叫閻立本的監察官，於是就接手審理這起案件。受理期間，閻立本不僅發現這是一起誣告，還給狄仁傑一個清白，他還發現狄仁傑那藏不住的光芒與才華，直誇狄仁傑是「海曲之明珠，

東南之遺寶」。

從蒙冤到洗清冤屈，後來還得到閻貴人的推薦，狄仁傑當上了更高一級的汴州都督府法曹，因為這個職務的關係，徹底摸熟了刑法、吏治等典章與法律制度，為日後的從政之路與行事風格奠定了基石！

唐高宗鳳儀年間，四十六歲的狄仁傑再度升官，任大里丞一職，這是一個專管司法的職位，主要審理刑事案件。系列電影中出現像是殺人案、與犯人鬥智周旋等橋段，應該就是從這裡得到啟發，不料寫得過於生動傳神，使得現在的人都認為狄仁傑就是福爾摩斯、金田一之流的名偵探！其實，狄仁傑要被歸類的話，也應該是李昌鈺博士或是包青天，請不要再搞錯了喔！

老闆，你法律不及格！

因為本身正義感十足，加上之前歷練獲得的法理常識，法官這個職位簡直就是狄仁傑的天職，上任不到一年的時間，就解決了大量的積壓案件，其中牽涉到的人就高達一萬七千多名，可見狄公的審案效率之高，而且因為公正確實，因此沒人喊冤，使得狄仁傑人氣大漲、聲名大噪。

在此我們先來分析一下狄仁傑審案的效率與正確性，現在我們所處的社會擁有高度科技與文明，還是免不了會發生誤判的情況，而且為了確保人權，還要罪證確鑿才能將嫌犯定罪。若在古時候，求證必定更加不易，狄仁傑究竟如何能在短時間內審閱完大量的卷宗並判刑的，這點真的很令人在意，只能猜

想狄仁傑應該是具有超凡的觀察力，能找出隱藏的蛛絲馬跡，藉以推測出案件真相。

狄仁傑為了捍衛大唐律法，還不惜跟大老闆對嗆起來！有一天，大將軍權善才與范懷義做了一件蠢事，誤砍了昭陵柏樹，聽說此事的高宗龍顏大怒，氣得直喊要「砍了」這兩個蠢材，一旁的狄仁傑連忙上去勸阻說：「權將軍他們只是誤砍了一株柏樹，按大唐律法，罪不至死喔！」高宗更不爽了，你領我俸祿，卻不幫我講話，是胳膊往外彎了是吧，回說：「他砍了朕陵墓上的樹，就是陷朕於不孝，別人會笑話朕說，連一棵樹都護不了，你叫朕面子往哪擺呀？所以為了朕的面子，必須處他們死刑！」見高宗氣急敗壞，狄仁傑仍面色不改回道：「自古以來，忠言逆耳，我知道您在氣頭上，聽不進去，如果您是夏桀或是紂王，我就不會找死向您進諫，但我認為您是能媲美堯舜之流的賢明君主，如果您因為一棵樹而殺了一個將軍，被後世指指點點，這叫我怎麼忍心呢？我不能明知後果而陷您於不義啊！」由此可見狄仁傑的說話藝術之高，說得高宗心花怒放，因此改變了心意，免除兩人的死刑，改處流放之刑。

此事還有後續，當時高宗龍體欠安，很多政務都陸續交給武則天來處理，因此，當日朝廷上狄仁傑與高宗之間的對談也傳到她的耳裡，便開始注意起狄仁傑這個特別的人才。話說權善才的事件落幕沒多久，狄仁傑有事啟奏高宗，高宗一看他靠近，血壓開始飆高，頭開始痛了起來，因此還沒聽狄仁傑秉奏就搶先答應了，還對他說：「權善才那件事朕（輸得）心服口

服，以後你有事不用向朕秉奏了，自己看著辦就好。」

越獄風雲應該找哥演

狄仁傑雖然名氣很大，可是在高宗時期，他充其量也只是個專司律法的官，沒有直接接觸到政治權力的核心，直到武則天掌實權被賦予宰相之職時，才真正參與朝政，所以武則天也算是狄仁傑的貴人。因為有武則天這樣雄心壯志的女皇帝，讓狄仁傑的地位與身分更顯耀眼。

公元693年，狄仁傑官拜宰相之際，當時武承嗣被拱為皇儲的呼聲極高，他認為狄仁傑可能會向武則天說他壞話，因此便來個惡人先告狀，勾結酷吏來俊臣等人一起誣陷狄仁傑謀反。狄仁傑被捕入獄後，來俊臣就跑來問他承不承認謀逆，狄仁傑的反應倒是出人意表，不但沒有拒死不從，反而一問就認罪。得到這樣的答案後，來俊臣很滿意地離去，繼續將狄仁傑收押，等候發落。

你可能會覺得先前塑造的玉樹臨風、公正不阿的狄仁傑形象是在唬弄人嗎？先別急，這只是凸顯了狄仁傑腦筋靈活、懂得變通而已。狄仁傑當時已經高齡六十三歲了，知道官兵是怎麼對待犯人的，畢竟自己以前就是幹這行的，也熟知大唐律法，其中有一條清楚規定「只要一經訊問馬上承認的話，就能免除死罪」，快速盤算一下後，聰明如他，馬上就找出對自己最有利的脫身之道，而「先認罪」只是脫身的第一著棋而已。男子漢有所為有所不為，獄中曾有人建議狄仁傑去陷害另一名官員，好讓自己獲得減刑，狄仁傑一聽，馬上拒絕，說完還立

馬跑去撞牆，撞得頭破血流，以血明志，把來勸他的人嚇得半死！後來，他趁著獄卒不注意的時候，偷偷在自己棉襖內襯裡寫下訴狀，然後將棉襖拿給獄卒，囑咐他交給自己的兒子狄光遠。獄卒不疑有他，傻傻地照辦，狄光遠發現棉襖內的訴狀，知道自己父親被誣陷，馬上將狀紙上呈給武則天。武則天看到後，召見了狄仁傑，問他：「你沒有謀逆，為何要認罪？」狄仁傑回答：「老臣不認罪不行啊，棺材都進一半了，不承認的話早就被凌虐死了。」武則天知道他沒有謀反的意思，於是釋放了狄仁傑，但還是拔掉他的宰相官職，貶他去當地方縣令，以示懲戒。就這樣，狄仁傑靠著自己腦袋裡的東西成功讓自己脫身，不過也真辛苦他了，一把年紀還要遭受波折。

狄爺爺面前，武奶奶也傲嬌

狄仁傑不虧是狄仁傑，縱使被貶為一小小地方官，也掩藏不了他那光芒萬丈的才氣與能力，雖然有點大材小用，不過這也沒辦法，誰叫他天生招人忌妒呢？就這樣，狄仁傑在地方上做得有聲有色，也受到百姓愛戴。此時傳來契丹進犯河北的消息，戰情告急之下，女皇想想有能力退治契丹的，就只有狄仁傑了，趕緊將他召回。到魏州就任後，狄仁傑不費一兵一卒，只是命令百姓返田耕作，就將敵人嚇跑，這段過程紀錄地並不詳盡，我們只能自行腦補成像是諸葛孔明用空城計的方式嚇走司馬懿的橋段吧！魏州百姓在零傷亡的情況下順利脫困，避免被戰火荼毒的慘況，將功勞全歸於狄仁傑的機智，狄仁傑再次獲得一票粉絲。

　　由於退治契丹的功勞實在很大，同時再度體認到狄仁傑實在是個人才，女皇決定讓狄仁傑回鍋當宰相，幫自己治理朝政。當時，因為要爭奪太子位，武家和李家鬥得非常激烈火爆，一干大臣都勸武則天皇位應該要傳給兒子而非姪子，但武則天仍是猶豫不決，非常了解武則天的狄仁傑便對她說：「姑姪關係終究比不上親子關係，而且也沒聽過登上皇位的姪子在太廟祭祀姑姑的，只有自己的兒子才會認真燒香拜你呀！」武則天一聽覺得很有道理，可是又不想承認狄仁傑說的對，這樣只會證明自己真的很蠢，於是反駁說：「這是我家的事，不干你的事！」狄仁傑感覺魚快要上鉤了，繼續加把勁：「您貴為一國之君，掌理這片天下，天下的事皆是您的家事，而我是您的宰相，怎麼不干我的事呢？」就這樣唇槍舌劍之下，武則天終於服輸，接受狄仁傑的建議，改立李顯為太子。

　　狄仁傑有當宰相治國的能力、有破契丹的用兵策略，還很會舉薦人才。有一次，武則天要求他提供一個能擔任宰相的人才，狄仁傑就推薦了張柬之這個人，說他很有才德，足以當宰相，沒想到武則天把張柬之派去做洛州司馬（副州長）。沒多久，武則天又向狄仁傑要宰相人選名單，狄仁傑有點怒了，說：「我上次不是才給你推薦張柬之這個人嗎？都沒看到你用他，就又跟我要人，你是在要我吧！」武則天回說將張柬之派出當司馬，所以又缺人了。狄仁傑覺得是時候要教育一下老闆的觀念與邏輯，於是便說：「我推舉的是當宰相的人才，不是用來當司馬的。我口袋沒名單了。」意思就是，老子我就只想推薦張柬之，其他人我都不屑提，如果你不用他，那就甭提

了。武則天只好把張柬之從地方調到中央，不過還是沒立刻讓張柬之當宰相，先讓他從基層官員做起，等到爬到宰相之位時，張柬之已經是頭髮鬢白的八旬老翁了。

公元700年，狄仁傑病逝，享年七十歲，也算長壽了。平息突厥後，狄仁傑終於卸任了，滿朝百官都很感傷，尤其是武則天，傷心欲絕，面對底下官員時，忍不住說：「我的朝廷沒人啦！」就算再怎麼仰賴狄國老，也不應該當著眾朝臣的面喊著「沒人才了」這樣的話，這教其他人情何以堪啊？狄仁傑死後，當上宰相的張柬之發動政變，擁戴中宗恢復唐朝國號。除了張柬之，狄仁傑也先後舉薦了姚崇、桓彥范、竇懷貞等人，而這些人後來都成了一代名臣，狄仁傑就算死了，還是不忘給國家預備一些人才，這種人不偉大，哪種人才能叫偉大啊！

第四章　殺蟲劑公司的大客戶：姚崇

魅力★★★★★
智力★★★★★
統率
政治★★★★★
外貌★★
評價★★★★

　　姚崇本名姚元崇，字元之，陝州陝石人，出身官宦世家，是唐朝著名的政治家。他一生侍奉過武則天、中宗、睿宗與玄宗，兩次官拜宰相、也當過兵部尚書，有「救時宰相」之美譽。當宰相越來越順手、經驗越來越多的姚崇曾對玄宗提出「十項建議」，要玄宗採納，否則就拒絕出仕，玄宗乖乖接受後，便打造出名動一時的「開元盛世」。後人票選姚崇、房玄齡、杜如晦、宋璟四人為「唐朝四大賢相」，究竟姚崇的魅力何在，就讓我們繼續看下去吧。

　　姚崇並非一開始就是這麼知廉恥、求上進、一心為國的好青年樣貌，年輕時的他有點叛逆，生性瀟灑、講求義氣，浸淫在習武狩獵的愛好中，就這樣度過他的青春期。到了二十幾歲時，姚崇不知為何開始奮發讀書、勤學向上，以孝敬挽郎的身分步上仕途，接著又中了「下筆成章」舉，當上濮州司倉參軍。一般有意願考取功名的人很早就在寒窗苦讀了，他卻拖到

青春期過完後才開始努力念書，最後不但考了不錯的成績，還意外發現自己也滿有文學細胞，對此我們只能感嘆：天才就是天才，主角什麼時候開外掛都不嫌晚。

由於起步較別人晚，所以姚崇被重用的時間也晚了一些，但這點瑕不掩瑜，遮蔽不住他那令人目眩的才能與天賦。當時武則天注意到有一名兵部郎中在處理公事上有條不紊、非常有效率，因此將郎中擢升為侍郎，隔不到兩年，又將侍郎升任為同鳳閣鸞台平章事（周武前稱為同中書門下三品），為實質的宰相，而這個一路用飆車速度升遷的人就是姚崇。姚崇和狄仁傑一樣，向武則天推薦張柬之，使得一直停留在秋官侍郎的張柬之得以順利當上宰相，發動政變，復辟李唐江山。雖然擁立中宗有功，張柬之卻受到武三思的排擠，最後遭流放邊疆，抑鬱而終。姚崇就比較幸運一點，在地方上待了一陣子後，被睿宗召回中央，擔任兵部尚書、同中書門下三品，又升任中書令，跟宋璟一起改善當時的朝政弊端、端正風氣、並舉用忠良、賞罰分明，讓睿宗時期的大唐彷彿回到了貞觀、永徽之風。

姚崇因為看不慣太平公主干政，讓諸王各自擁兵為政，造成太子李隆基地位動搖，便聯合宋璟向睿宗私下建議把太平公主趕到洛陽去。此舉激怒了太平公主，結果讓自己被貶到外地流浪一陣子。到了公元713年，李隆基發動了先天政變，殺了礙事的太平公主黨羽，是為玄宗。玄宗即位之初，準備啟用姚崇為宰相，沒想到反倒被姚崇開了條件，除非接受這「十項建議」，否則寧願不幹！真是有個性的屬下。其實姚崇開出的

建議總結來說，就是要求玄宗「施行仁政、遠離小人親信、有接受諫言的肚量、不再興建佛寺道觀、記取歷史上的教訓避免重蹈覆轍」等，這些建議是姚崇在女皇、中宗與睿宗時期服務時將發現到的問題作彙整，「十項建議」僅區區二百餘字，卻是字字珠璣、用心良苦，玄宗也是明理之人，以一句「朕能行之」答應了姚崇開出的條件，兩人遂達成默契，也替「開元盛世」奠定了基礎。

　　開元時期這三十年是唐朝極盛時期。玄宗即位後開始勵精圖治，一一遵守姚崇的意見，頗有大破大立之範，除非是跟大局有關的問題，都讓姚崇負責處理。有一次，姚崇來請奏決定郎吏任用的問題，玄宗只是抬頭盯著天花板發呆，不吭一聲，高力士在一旁連忙叫醒玄宗，希望玄宗應個聲，玄宗卻說：「朕找姚崇來處理政事，已經囑咐過大事才需跟朕商量商量，官吏任用這等芝麻小事竟然還來煩朕，是把朕的話當耳邊風是吧！」經過這件事後，眾臣都知道玄宗的脾氣，不敢再拿小事去煩天子了，不過傳來傳去傳到後世，卻傳成玄宗是能尊重大臣決定的君主，也成了一件美麗的誤會。

　　開元四年，山東地區蝗蟲成災，農民們不敢輕易撲殺蝗蟲，只能在一旁焚香祝禱，乞求天災平息，使得莊稼損失越為慘重。消息傳進了朝廷，滿朝百官也都跟農民一般迷信，不希望得罪蟲神，只有姚崇力排眾議，向玄宗建議撲殺蝗蟲，但玄宗還是搖擺不定，姚崇引述《詩經》與漢光武帝的滅蟲詔令，向玄宗證明滅蟲是有憑有據有道理的。玄宗後來被說服了，決定實行滅蟲計劃，但許多官員仍不服氣，不願意服從姚崇的指

示，姚崇只好以一擋百，逐一說服，讓蟲災降至最低，日後雖然蟲災仍連年發生，所幸損失已減低，讓飢荒沒機會發生。

姚崇晚年辭去宰相，向玄宗推薦宋璟接替自己，姚崇和宋璟都是一代良相，對開元之治極有貢獻，但兩人作風迥異，姚崇懂得因材施教、對症下藥，順著毛摸，讓老闆乖乖聽話；而宋璟則是有話直說、直言敢諫，玄宗常被逼著點頭答應，作法雖然不同，但都是為了相同的目標而努力，用結果來論英雄，並沒有孰優孰劣。

姚崇之前向玄宗提出的「十大建議」裡，出現過「禁止興建佛教道觀」這一條。中宗時，許多皇親國戚爭相營建佛寺、濫收僧尼，很多權貴為了逃避兵役、徭役，也跑去削髮當和尚，造成嚴重的勞動力不足。姚崇心想這樣下去不是辦法，這些壯丁都跑去當和尚了，國家建設與役男問題不就成了國家一級問題了嗎？於是跟玄宗進言說：「佛圖澄、鳩摩羅等自稱高僧的人，還不是對後趙、後秦的滅亡束手無策。齊世宗、梁武帝這些君王篤信佛教，最終也躲不過災難臨頭。陛下您只要能做到讓百姓安居樂業，就是佛法精髓了，不要讓那些無心佛法的傢伙敗壞了佛門精神！」玄宗覺得姚崇說得極有道理，下令官員徹查全國的佛寺與僧尼，揪出的假僧尼多達一萬兩千名，並令其還俗！

姚崇的實際還反映在他的身後事上。他要求子女不要替自己大辦喪禮唸佛經超渡，他認為人死了就如糞土，既沒了知覺，哪裡需要厚葬與排場。歷史上有許多誠信禮佛的人，像是翻譯佛經的姚光、梁武帝、修建寺廟的武三思等人，不是不

得善終、就是家破人亡、或遭殺害；三皇五帝時尚無佛教，大家看待死生一如平常，沒有人哭天喊地，大家都活得既長壽又平穩。所以，他對當時統治者與民眾過於沉溺佛教、大肆修建佛寺等如此勞民傷財的行為非常不以為然，有感而發下才向玄宗提出「禁止興建佛教道觀」的建議。一言以蔽之，姚崇認為「佛不在外，悟之在心」，這句話充分傳達出姚崇對佛法的見解。此外，在處理蝗災事件的態度上，也顯示出他破除迷信、追求實事求是的精神。

第五章　司馬光也是小粉絲的救火大師：郭子儀

魅力★★★★★
智力★★★★★
統率★★★★★
政治★★
外貌★★★★
評價★★★★★

　　唐代最有名的軍事家，郭子儀說他是第二，恐怕沒人敢稱第一。他最有名的戰役就是平定安史之亂、智退吐蕃，換得中唐二十年的平穩。郭子儀半生戎馬，屢建奇功，累積的功勳勝過同代其他人，史官對他盡是一片倒的好評。這樣一個手握兵權、官拜宰相，權傾天下之人，按照正常劇本的發展，大抵都會被奸臣陷害、毀謗纏身、受君主誤會，然後遭褫奪兵權，或被關在獄中，或被流放邊疆，餘生鬱鬱寡歡，直到生命之火熄滅。然而，他雖然也得面對官場上的流言蜚語、明槍暗箭，卻都能及時化解，安然活到壽終正寢，還被德宗尊為「尚父」。郭子儀死後，德宗為了追悼他，不僅下令舉國休息五天，還幫他建陵立碑，而他的後代也出了五任唐朝駙馬。現在我們就來看看郭子儀他那傳奇的一生吧！

平亂當吃飯，兵權如浮雲

　　郭子儀出生在武則天稱帝後的第十三年，當時是個太平盛世，沒有他發揮的空間，不過由於武則天修改了考試制度，有了武舉這項測試，郭子儀閒著沒事去報考，就考上了第一名。接著，他跑去從軍，做到九原太守後，就沒什麼升遷發展。公元755年，爆發了安史之亂，才給郭子儀一個大顯身手的舞台，這時候他已經快六十歲了。亂發之初，郭子儀奉召東討叛軍，當時叛軍主力正逼近潼關，京師深受威脅。此時郭子儀在靜邊（今山西右玉）的初戰告捷，消滅叛軍七千名，緊接著又攻下雲中（今山西大同）、馬邑（今山西朔縣東），打通了東陵關，為唐軍東進開闢道路。

　　隔年，郭子儀與新任的河東節度使李光弼兵分兩路，會師常山，夾擊叛軍史思明，並於九門（今河北正定東）一帶大敗史思明，收復了河北。期間，郭子儀曾向玄宗建議，北取范陽，直搗叛軍巢穴，讓叛軍回防，以減輕潼關守備上的壓力，畢竟潼關一失守，京城將面臨敵軍壓境的大危機。然而，玄宗此時已失了分寸，並沒有採納郭子儀的建議，造成局勢完全失控，後來玄宗逃到四川避亂。同年七月，郭子儀帶頭助太子李亨繼位，是為肅宗。肅宗任郭子儀為兵部尚書兼宰相，開始一連串東征北討，郭子儀不虧是軍神附身，所到之處所向披靡、連戰告捷，打得叛軍節節敗退。由於唐軍東進之路進行得非常順利，原本只能躲在靈武的肅宗也推進到了鳳翔（今陝西鳳翔）。至德二年九月，升任為天下兵馬副元帥的郭子儀率領十五萬大軍近逼長安，與十萬敵軍在長安西南香積寺北水之東

岸交鋒，經過激戰，叛軍被殺得片甲不留，郭子儀成功完成使命，收復長安。郭子儀繼續趁勝追擊，舉兵推進至潼關，占領了華陰（今陝西華陰）、弘農（今河南靈寶）。此時叛軍首領安祿山已死，安祿山之子安慶緒見大勢已去，捨棄洛陽逃走了。再度踏上長安故土的肅宗接見了郭子儀，感激涕零地對他說：「雖吾之家國，實由卿再造。」意思大概是說，我雖然是唐的親生父親，但你的功勞也很大，對唐有再造之恩，所以把你列為唐的義父。

故事當然沒有這麼美妙，君臣攜手破敵軍，這樣故事怎麼會好看？當然還要加些猜忌、內鬨等調味料，才能燉煮出美味的菜餚！乾元元年（公元758年），得知安慶緒正蠢蠢欲動，打算反攻，肅宗打算調動九名節度使參與作戰，郭子儀和李光弼分別是男一與男二。主角氣場強大，肅宗不願把軍權交給他們，因此對外放話說，這次的作戰就不設主帥了，人人都可以是主角，只派了一個宦官魚朝恩來監視，總攬全局。明眼人一看到這裡就知道肅宗沒打過仗，也沒讀過兵法，搞不好還是敵軍派來的間諜，來離間唐軍士氣、逼吞敗戰的。起初，大批唐軍把安慶緒的據點鄴城團團包圍，並發動水攻讓鄴城浸水，造成城中一時糧食短缺，物資匱乏，連耗子也成為貴重的盤中飧，此時正是一舉進攻的好時機，但是，天不從人願，剛剛提到唐軍沒有總指揮，只有一位掛名的宦官，他主要功能就是用來拖郭子儀後腿用的，不善帶兵打仗，於是在無人統一指揮調度的情況下，唐軍錯失了絕佳的攻城機會；史思明則在城外一邊打劫唐軍糧草，一邊聲東擊西，不斷地偷襲唐軍，給予安慶

緒喘息的片刻。就這樣你來我往，時間推進到乾元二年，兩軍人馬再度對峙，突然間刮起一陣大風，吹起滿天黃沙，一時天昏地暗，視野不佳，敵我不分，混戰中雙方兵馬均遭受極大損失，郭子儀敗退至河陽，只能先堅守住河陽，以防東都失守。

　　這次戰役失利的元兇魚朝恩責無旁貸，不過他在這時候發揮了自己的專長——推卸責任，向皇帝打小報告，說一切都是郭子儀的錯，讓他背起了黑鍋。肅宗聽完小報告後將郭子儀召回京城，免去他的軍職，讓李光弼取代郭子儀，成為第二任的天下兵馬副元帥，而郭子儀就這樣當起了無業遊民，有時候出借名義給肅宗，拿來震懾騷擾京郊的羌人，有時候被叫出去當一下和事佬，平撫邊境守軍糧餉問題，然後再被解除兵權，回京城內休息。

我明明就沒死

　　郭子儀有個叫僕固懷恩的大將，在安史之亂時立有大功，後來卻聯合吐蕃與回紇一起搞叛亂，可能是官升得不夠高、薪水給得不夠多，使得僕固懷恩心生不滿所致。代宗元年，僕固懷恩欺騙吐蕃與回紇說，郭子儀已被宦官魚承恩殺害，要他們聯手叛唐，吐蕃與回紇聽後大喜，開始陸續騷擾唐朝疆土，有一次甚至入侵到奉天縣（今陝西乾縣），直逼長安，郭子儀再度臨危受命，趕赴前線退敵。廣德二年（765年），僕固懷恩領著三十萬大軍朝長安直撲而來，不料卻在半途上病死了，吐蕃與回紇的聯合大軍內部雖然意見分歧，不過還是繼續進攻，聯合大軍已兵臨長安城不遠處，兵力還是唐軍的五倍之多，代

宗等一票大臣實在束手無策，只能寄望郭子儀再創奇蹟。郭子儀又被推上火線救援，這次他想到，以前平安史之亂時曾跟回紇聯手過，算有一段交情，想利用這段交情來拉攏回紇，藉此瓦解敵軍勢力，便派出使者前去找回紇大帥藥葛羅，轉達結盟之意。藥葛羅曾協助唐朝收復長安與洛陽，見識過郭子儀的風範，對此人十分佩服，但僕固懷恩欺騙他郭子儀已死，當下便要求使者轉達請郭子儀親自前來一趟，破除傳聞。

　　使者回報後，眾將領都覺得單騎赴約太過危險，勸郭子儀帶些士兵一同前往，但郭子儀覺得這樣太沒誠意了，折衷之下，改率領十名隨從去找藥葛羅。一到回紇陣前，郭子儀便令部下高聲通報，起先回紇將士都還不相信，紛紛搭弓拉箭，準備迎戰，郭子儀見狀只好繼續加碼，脫掉身上的盔甲、放下武器，然後徒步走向回紇營前。這時大家發現真的是郭子儀本人，才卸下心防，歡迎郭子儀的到來。郭子儀見到藥葛羅，也不急著談公事，兩人先敘敘舊，把酒言歡了一陣子後，才進入正題，解釋來意，藥葛羅本來就是上了叛將僕固懷恩的當才會起兵造反，又被郭子儀曉以大義了一番，趕緊擔保回紇將無條件退兵，不與唐宣戰。郭子儀覺得這樣還不夠，他想拉攏回紇一起討伐吐蕃，向藥葛羅動之以情並誘之以利，原本就跟吐蕃不對盤的回紇眾將一聽，皆認為郭子儀說得太對、太好了，紛紛表示贊成，席間有酋長還說：「之前軍隊中有兩名術士預測，我們這次的出征很安穩，不會跟唐軍交戰，會遇到一名大人而退兵，如今果然都說中了。」郭子儀聽了，覺得這兩術士實在幫了大忙，於是送給他們三千匹彩絹。

　　吐蕃聽到回紇與郭子儀結盟的消息後，趁夜黑風高的時候落跑，卻遭新聯軍大敗，死了五萬士兵、俘虜十萬名。郭子儀成功智退吐蕃，穩住關中，再度從危機中解救長安，而他單騎赴敵軍陣營，笑談間化解京師危機的機智與果敢，遂成佳話，流傳至今。

想學嗎？爺的處世哲學

　　郭子儀一生共侍奉過四代君主，分別是玄宗、肅宗、代宗與德宗，前三位天子在位時，對郭子儀有所忌憚，每次都到了快要國破家亡的前夕，才啟用郭子儀，利用他來退阻敵軍來犯，而且還時不時讓他被扯後腿、背黑鍋、遭誣陷等，藉此測試他的忠誠度、確認是否有謀逆之心。郭子儀泰半人生都在「啟用→抗敵成功→被閒置→被啟用→抗敵有功→被閒置」這樣的公式中循環著，直到德宗登基，他快要駕鶴歸西之前，才被尊為「尚父」，並讓他當上太尉、中書令。隔年七月，郭子儀逝世，享年八十五歲，為了表示哀痛，德宗還為此休朝五日，並為他陪葬建陵。從先前的層層戒備到後來的升官晉爵，這之間的轉折究竟隱藏了什麼樣的祕密，就讓我們從以下幾個小例子中觀察一下吧！

　　現在我們要說個差點就變成家暴的小故事，也就是後來的《醉打金枝》戲碼。話說為了感謝郭子儀的功勞，代宗把升平公主嫁給郭子儀的兒子郭曖，以示秦晉之好，但因為公主出生尊貴，又是金枝玉葉，經常對公婆不尊重，郭曖看了心情很不好，但也無可奈何。有一回的家宴上，郭曖多喝了一些酒，趁

著酒興對公主說教了一番，叫她要尊重公婆、遵守婦道，還說：「你父親是皇上有什麼了不起，我父親只是不想做天子罷了。」說完還作勢要打公主，公主第一次被人罵，不知怎麼應對，只好哭哭啼啼地跑回娘家訴苦，代宗一聽覺得郭曖說的都是事實沒錯，沒辦法反駁，只能勸自己的女兒回去跟先生和好。另一方面，郭子儀聽到小倆口吵架，馬上帶著郭曖去跟代宗與公主謝罪，代宗安慰親家公說：「俗話說『不癡不聾，不作家翁』，小倆口在房內吵架的內容，咱們當親家的，如何能當真呢？」郭子儀回家後，越想越害怕，把郭曖吊打了一頓，讓公主消氣。後來，小倆口和好如初，公主也漸漸學到了對待公婆的倫理，成了賢淑的媳婦一枚，實在可喜可賀！

代宗時期，有人掘了郭子儀父親的墓，卻找不到兇手，所有的人都在懷疑背後是宦官魚朝恩唆使的，因為魚朝恩一向妒忌郭子儀，總跟皇上說郭子儀的壞話，造成皇上對郭子儀有所防備。這一次，郭子儀再次被讒言纏身，朝廷百官都擔心他會發兵謀反，代宗因此把他找過來問話，欲探探他的口風，郭子儀猜到八九，馬上淚如雨下，說：「我率領軍隊打仗多年，不能阻止手下的士兵去挖別人家的墳，如今我自己遇到此事，是老天爺給我的懲罰，並不是別人的錯啊。」郭子儀這一席話，讓原本心存懷疑的眾臣與天子都鬆了一口氣，也紛紛敬佩起他的為人來。

郭子儀最璀璨的時刻是在戰場上，他的名聲與威望甚至獲得敵人的折服與尊敬，吐蕃、回紇稱他為神人，安慶緒手下大將田承嗣是個目中無人、飛揚跋扈的人，也曾對著郭子儀的來

使下跪表示敬意，此外，他智退回紇的傳奇更是成為後世佳話。不過這樣功勳彪炳的人物很容易招人妒忌，郭子儀自己也心知肚明，因此，只要皇帝一叫他回朝，郭子儀便迅速趕至京城，一刻也不敢耽擱，只為了平撫朝廷上下的擔憂、杜小人悠悠之口。等到江山平穩後，他知道該是功成身退的時候，便三度向天子請辭太尉一職，這種以退為進的策略，正是讓他保全性命，終身富貴，並且澤披後代的關鍵。

最後，筆者忍不住要提一下司馬光，明明在《資治通鑑》裡詳細記載了郭子儀「功蓋天下而主疑，位極人臣而眾疾」的事情，卻在最後沿用了《舊唐書》和《新唐書》中的評價，說他：「功蓋天下而主不疑，位極人臣而眾不疾」，這發生在治學非常嚴謹的司馬老師身上，真是令人匪夷所思！

第 四 部
床邊故事唐傳奇

第一章　前世今生話傳奇

　　「傳奇」這個名稱是出自晚唐裴鉶的奇聞集《傳奇》，宋朝時拿來通稱唐朝的奇聞作品；近代則是泛稱唐人的小說；而我們現在所說的「唐傳奇」，指的是唐人所寫的文言短篇小說，多收錄於宋朝時編的《太平廣記》。

從倒垃圾大媽到失眠文青

　　唐朝是個很強盛的國家，不僅在政治、經濟、軍事以及外交方面很有發展，在文學、藝術和思想上也是成就斐然。就拿文學來說吧，大家小時候一定都背過的是什麼？沒錯，就是唐詩。雖然詩作是當時最興盛的文學形式，但是也不能一天到晚都在吟詩，所以像韓愈、柳宗元這些大師們，右手寫詩的時候，左手也會寫寫散文。詩有了，散文也寫了，可是，怎麼還是覺得內心深處有點空虛？於是，在每個輾轉難眠的寂寞深夜，一些綺思怪想就這麼蹦進文青們的腦海；光想還不夠，非要寫下來，供日後自個兒細細品味或和其他人分享，卻又苦惱於詩和散文的體裁限制，不能將故事的精髓體現地淋漓盡致。就在此時，天邊金光一閃，靈光乍現：來寫小說吧！

　　中國古代的小說，是發源於於魏、晉、南北朝時期，不過當時的作品其實只是簡略的筆記雜文，缺乏完整的敘事結構，大部分只是記當時人耳語相傳的奇聞軼事，就像我們在等垃圾車時，聽到鄰居大媽分享了一則親身經歷的鬼故事，回家後就

寫在臉書上一樣。

　　從唐朝開始，許多文人開始投入小說的創作，使體裁慢慢成熟起來：不僅從之前寥寥數語的紀錄，演變成結構複雜的篇章故事；在敘事技巧、情節布局、人物刻畫、細節描繪等，也都有長足的進步；內容方面，也不再僅是志怪為主，還擴及愛情、俠義與歷史等豐富題材，成為具有高度故事性與藝術性的新興文學形式。

　　明朝的胡應麟曾說：「六朝的志怪故事雖然大多是抄來傳去、道聽塗說，但也不盡然都是編造的；到了唐朝時，人們才將一些有趣和奇怪的事情，刻意地寫成小說。」由此可見，小說的發展到了唐朝，已經不再只是單純的記錄，而是一種作者會特意構思情節，寄託想像的創作。

　　前面大略介紹了唐傳奇的身世，接下來，就讓我們進一步了解它在每個時期的發展吧！

傳奇的人生走馬燈

　　唐傳奇的發展分為三個階段：初、盛唐的發端期，中唐的興盛期以及晚唐的衰退期。

　　初唐和盛唐的時候，小說才剛由魏晉南北朝的志怪過渡到唐傳奇，作品數量少，寫作還未成熟，內容仍是以神妖鬼怪為主，是初步的發端期。

　　中唐以後步入傳奇創作的興盛期，內容多元，多以愛情、俠義、諷刺、歷史等為題材，其中亦不乏仙怪類的故事，而在寫作技法及情節鋪排上，則比初、盛唐時期更加完整、動人。

這個時期受到藩鎮割據及佛道盛行的影響，出現了不少豪傑俠義作品，刻畫俠士風流不羈、正直忠誠的鮮明性格；愛情小說則逐漸擺脫神怪題材，轉向現實生活作為故事背景，以蔣防〈霍小玉傳〉、白行簡〈李娃傳〉及元稹〈鶯鶯傳〉為代表作，這三部作品對男女相識相戀的過程、人物間的情感皆有非常深刻的描繪。

　　唐朝才子佳人的浪漫故事多以名妓文士為主角，與當時的社會風氣有關。唐朝商業發達，繁榮的都市造就娼妓盛極一時，許多文人雖博覽群書卻出身貧寒，他們與善於交際的妓女來往，可因而結識權貴，而妓女們往往也欣賞文人的才華，願意與他們交往。〈霍小玉傳〉及〈李娃傳〉皆是文人和娼妓戀愛的故事：〈霍小玉傳〉以文士負心離開妓女，另娶望族千金作結；〈李娃傳〉是當時少數名妓和文人相戀，最終團圓收場的作品。名妓與文士戀愛的故事多為悲劇收場，多少也反映了社會現實：妓女雖然生活優渥，並結識許多名人權貴，但身分地位往往不高；而出身寒微的文人取得功名後，通常會迎娶名門望族的女兒，以提高自己的社會地位，為將來的政治前途鋪路。

　　除了愛情故事外，當時也有不少政治諷刺小說。作家藉著虛幻的夢境，反應文士熱衷功名以求取富貴的風氣，其中以沈既濟〈枕中記〉及李公佐〈南柯太守傳〉最為著名，這兩則故事背後所呈現的萬物皆空觀點，與當時傳入的佛道思想有關。有些故事也會取材於歷史事件，如〈長恨歌傳〉、〈東城老父傳〉、〈高力士外傳〉、〈安祿山事跡〉、〈上清傳〉等，其

中以陳鴻的〈長恨歌傳〉最為人知。

傳奇在晚唐時由盛轉衰，這時期的作品大多篇幅短小，內容和思想皆不如中唐時期的作品，不過仍有不少值得一提的佳作，也出現了多部傳奇專輯──如袁郊《甘澤謠》、裴鉶《傳奇》、李復言《續玄怪錄》、薛弱用的《集異記》等，是這個時期的特色。在豪傑俠義的作品上，袁郊《甘澤謠》中的〈紅線〉、裴鉶《傳奇》中的〈聶隱娘〉和〈崑崙奴〉、薛調的〈無雙傳〉等皆為名作，又以杜光庭〈虯髯客傳〉最為著名。

打破花瓶；給我續集！

傳奇之所以能夠在唐朝興盛並流行，主要受三個因素所影響：

首先，是古文運動的推展。南北朝的時候很盛行駢文，這是一種非常講究形式的文體，不僅多用四六句式和對偶句，且要求詞藻華麗、聲調優美、注重典故的使用；這樣的特性使得駢文看似典雅精煉，卻因為在形式上限制過多，很難表達什麼實質內容。到了初唐的時候，有些人就覺得不爽，我幹嘛花這麼多力氣去做個連花都不能裝的大花瓶？於是就開始提倡以漢、魏時期較為樸實淺白的散文來取代駢文。隨著復古運動越來越昌盛，文人也漸漸不再被華而不實的駢文所束縛，轉而投向較適合敘事言情的散文；而文體解放，正是有利於小說創作的重要發展，不然文句的使用都被綁死了，又只能一直重複以前用過的典故，還談啥創作，講啥故事咧？

再來，佛教文化的傳入及興盛，也豐富了當時小說的題

材，例如〈杜子春〉就是改編自佛經的故事。除此之外，科舉的發展與興盛，也使得考生越來越熱衷於小說創作，因為他們可以在考試前，先把作品給考官看看。於是，這種事先「溫卷」的舉動便開始蔚為風氣。

　　正是因為這些直接、間接的影響，讓傳奇的創作得以在唐朝如此盛行。接下來，我們就來欣賞欣賞，這些代代傳誦、改編不斷的精采作品吧！

第二章　靈魂出竅會情郎：離魂記

　　從前從前，有個在衡州當官的人叫張鎰，生了個端莊美貌的女兒倩娘，還有個聰明的美男子外甥王宙。張鎰很喜歡這個外甥，常常對他說：「小夥子，以後你長大了，我就把倩娘許給你當妻子好不好啊？」王宙立時點頭如搗蒜，和張鎰拉勾——我們說好囉！時光飛逝、歲月如梭，一轉眼兩個人都長大了，在這麼多年相伴的時光裡，彼此早已互通情意，常常想對方想得睡不著覺，只是都沒讓家裡人知道。

　　後來有人想要娶倩娘，張鎰早就忘記昔日的戲言，便答應了，倩娘知道後難過地不得了，王宙更是怨恨。他決定離開這傷心地到京城去，和親朋好友道別後，就孤身一人上了船。船行到山城幾里的地方時已是半夜，王宙獨自佇立在船頭，對著料峭的山影和清冷的月色，感覺自己不會再愛了，不禁悲從中來之際，卻突然聽到岸邊傳來噠噠的腳步聲，來人彈指間便來到了船上。王宙覺得奇怪，找了個人問說：「誰這麼晚了還上船啊？」那人回答：「聽說是個叫倩娘的大美女。」王宙一聽，立刻衝去見她，看到倩娘光著腳就從家裡跑出來，拉著她的手，又開心又心疼地問：「你怎麼跑出來了呢？」倩娘回答：「你對人家這麼好，我吃飯睡覺都會想到你。如今我要嫁人，你卻還對我一往情深，我就算死了也要回報你對我的情意！」於是，王宙就把她藏了起來，私奔去！

　　之後，他們過著幸福快樂的生活，還生了兩個胖娃娃。然

而，隨著一年又一年過去，不曾和家人聯繫的倩娘越來越想家，終於在某個輾轉難眠的夜裡，哭著對王宙說：「想當年，我不能過著沒有你的日子，就和你私奔了。現在五年過去，和爸媽離得這麼遠，實在不能安心生活啊⋯⋯」王宙看老婆傷心，自己也傷心，就告訴她，別哭了，咱們一起回去吧！

回到家鄉後，王宙先自己跑去向張鎰請罪，說他那時不該拐了倩娘就跑，張鎰卻覺得莫名其妙，我閨女宅在家養病好多年，你腦子燒壞了嗎？王宙白眼一翻，心中吐槽：那每天和我在一起的是誰？表面上卻微笑著說：「她現在就在船上。」張鎰不知這外甥到底玩啥花樣，搞不好記恨多年，想把他丟下江水報復，就派人去看看情況。那人到了船上一看，哇！還真是倩娘！而且面色紅潤，十分健康，哪像家中病床上的那人蒼白又虛弱。他一溜煙地就跑回了家，在病懨懨的倩娘房中找到張鎰，說了這件事；旁邊的倩娘聽了，立刻開心地跳了起來，其他人問她問題也不回，只是自顧自地梳著頭、換衣服，然後出門去迎接正向家中而來的自己。

這頭的倩娘才剛出門，沒走幾步，就見那頭的倩娘挽著王宙的手來了。兩個倩娘一相見，只見兩人合而為一，真是太神奇啦！

第三章　報仇雪恨遁空門：謝小娥傳

　　這是一則流傳甚廣，真人真事改編的感人故事。

　　話說，謝小娥八歲時母親就去世了，父親是個家財萬貫的商人，雖然家裡的鈔票很多，可是謝老爹為人低調。小娥的老公段居貞是位俠客，常常和謝老爹一起到各處作生意、交朋友。小娥雖然小小年紀就得在船上飄泊，但她一點也不覺得苦，因為在爸爸和老公的薰陶下，小娥有個非常豪氣的志向：當個吃遍天下的美食家！

　　隨著年紀漸長，遊歷日廣，小娥的美食地圖也越畫越多，每次看著那一卷又一卷的地圖，她就得意洋洋：照這進度下去，不出十年，我就能成為肚子裝最多各地美食的吃貨啦！然而，就在十四歲那年，當她和往常一樣在船上喝酒划拳時，天邊卻悄悄飄來一朵烏雲，隨即是一陣狂風暴雨，小娥興奮地想跳下海，卻被後面的謝老爹和段居貞拉住，她正想撒嬌求兩人不要阻止，嘴巴一嘟，還沒想好台詞，只見眼前寒光一閃，劍鋒一轉──謝老爹和段居貞就人頭落地！小娥胸口一痛、雙腳一軟，就這麼倒栽蔥掉入陰冷的大海。

　　當她醒來時，是在另一艘船上。想起失去意識前的那一幕，趕緊問旁邊照顧她的人是怎麼回事，那人看著緊張的小娥，同情地說：「我知道你很希望這只是一場惡夢，但非常不幸，你們確實遇上了強盜，除了你，其他人都被殺光光扔下餵魚，我們剛好在魚要吃你時救了你。」後來，她四處流浪討

飯，到了上元縣，就投靠到妙果寺淨悟比丘尼的門下。

事情發生不久，小娥就夢到謝老爹告訴她：「殺我的人，是車中猴，門東草。」過了幾天，又夢見段居貞說：「殺我的人，是禾中走，一日夫。」小娥自己解不出答案，只好把這些話記下來，到處請教別人；然而，好幾年過去了，都沒有人可以解出謎語。

就在這時，李公佐——這篇故事的作者出現了，可惜他登場地一點都不華麗閃亮，因為當時剛被罷官，來到瓦官寺找好朋友齊物大師哭訴。哭完之後，齊物告訴他有位叫小娥的寡婦每次來這裡都會讓他看一道謎語，可是他一直解不出來。李公佐一聽，我最喜歡解謎遊戲了，就讓齊物寫在紙上。他看了一看，對著空中寫了一寫，只見他露出了失業以來第一個發自內心的笑容——解出來了！他讓人把小娥找了過來，奇怪的是，小娥竟然沒有立刻問他謎底，反而先哭哭啼啼地說著謎語的由來，囉囉嗦嗦講了一大串，李公佐才告訴她：「你看啊，『車』去掉上下兩畫就是『申』，而且申屬猴，所以說是『車中猴』；而『門東草』，『草』下面有『門』字，『門』裡又有『東』字，那就是『蘭』。再來，『禾中走』就是穿田而過，說的也是『申』；最後的『一日夫』，夫上加一筆，下面有個『日』，即『春』字。所以啊，殺你老爹是申蘭，殺你老公的是申春。」小娥痛哭流涕，對他磕了幾個響頭，說「大神，您真是太厲害了！」接著問了他的姓名和官職，就淚奔復仇去了。

後來，謝小娥打扮成男人的樣子，輾轉各處打聽消息，一

年後，偶然看見有戶人家門上貼著徵傭人的廣告，一問之下，主人居然就是申蘭！為了報仇雪恨，她忍辱負重待在申蘭身邊，裝出一副乖巧順從的樣子。申蘭在這兩年期間都沒發現她是女人，而且還很信任她，把錢財都給她保管。從謝家搶來的金銀財寶、衣服用具都放在申蘭家，小娥每次拿起以前的東西都會暗自啜泣。

申蘭和申春是同宗兄弟，兩人關係極為密切，每次一起出去都會留下小娥和申蘭妻子一起看家，然後帶著很多財物回來，給小娥的賞賜也很多。隨著時間的流逝，越來越得到信任的小娥開始覺得是報仇的時候了。有天晚上，申春帶著一條大鯉魚和酒來找申蘭，和一群盜賊痛飲狂歌，好不快活。等到其他強盜都走了，兩個人都喝得醉醺醺的，申春睡死在房間，申蘭則倒在庭院裡。小娥先是把申春鎖了起來，抽出刀子砍下申蘭的頭，再叫周圍鄰居一起過來。最後，申春在房裡被抓，申蘭在外頭被殺，官府派人查獲贓物，沒收的財物價值居然高達千萬。

申蘭和申春的同黨有幾十人，之前小娥都暗中記下了他們的名字，現在，這些人全都被抓住判刑了。雖然收拾人渣是一件大快人心的事情，但殺人畢竟是死罪；幸好，當時潯陽郡的太守知道了這件事的來龍去脈，就上書替小娥求情，使她不但免除了罪刑，還受到褒揚。

大仇得報的小娥回到家鄉，許多豪門大族都想娶她，但她卻發誓不再嫁人，當尼姑去了。後來，李公佐有一次到一間寺院，碰巧遇到了小娥，她向李公佐道謝，告訴他自己已經報仇

了。李公佐回去之後，覺得小娥不但很有氣節，發誓為爸爸和老公報仇，最後終於得願以償；而且還很貞潔，因為和傭工雜居在一起的時候，也沒有人發現她是女人。於是，他就把這個故事寫了下來，以表彰小娥的義行！

第四章　迎新棄舊姻緣碎：霍小玉傳

　　李益是一個出身名門，才華洋溢的讀書人，二十歲那年考中了進士，隔年去參加拔萃科考試。他一直覺得自己這麼風流倜儻，應該要有個才貌雙全的女人來陪伴，所以在複試前就先跑到長安，在大街小巷貼徵偶啟示，上面寫著：「雖然我不是帥哥，但你必須是大美女；我寫得一手好詩好詞好文章，所以妳也要琴棋書畫樣樣通。其實我想找的是名妓，可是我不想花錢。」諸位現在一定很想翻白眼，長得不帥，廣告又寫得這麼顧人怨，怎麼可能徵到人？是的，所以李益至今都是單身一人。

　　有一天，李益再也耐不住寂寞，跑去找大媒婆鮑十一娘，三不五十就送一堆禮物給她，讓她快快幫自己找個美女。某天，李益正在亭邊納涼，望著夕陽不住哀嘆：為什麼我還是單身呢？正顧影自憐，卻聽到一陣急促的敲門聲，左右的人說是鮑十一娘來了，李益趕快上前迎接，一見面就聽鮑十一娘說：「你不是作夢都想要和又美又有才的女人談情說愛嗎？現在正好有個被放逐在人間的仙人，不要錢，只喜歡風流的男子，完全符合你的擇偶條件啊！」李益聽了喜不自勝，拉著鮑十一娘的手，說：「你幫我找了這麼棒的女人，我願意一輩子當妳的奴隸，死了也不怕！」。接著，又追問那人的事情，鮑十一娘就告訴李益，她是以前霍王的女兒，名字叫小玉，因為媽媽只是身分低賤的婢女，霍王死了之後，母女兩人就被趕了出來，

但也拿到一筆錢。小玉姿容美艷，神態高雅，音樂詩書都很精通，因為也到了適婚年齡，就想找個能配得上她的好男人。看李益聽得如癡如醉，鮑十一娘接著說，如果想見她，明天午時就到勝業坊古寺巷口找一個叫桂子的婢女就行了。鮑十一娘一走，李益就跑到衣櫃前想找件最帥的衣服，但左看看，又看看，討厭，怎麼都這麼俗，於是派人快馬加鞭，去堂兄那邊借了幾件衣服，然後跑去浴室，把自己從頭到腳洗得一乾而淨，興奮地整晚都睡不著。

天好不容易亮了起來，李益快馬加鞭到了約定的地方，一個婢女見到他後就領他到屋裡一處庭院等候。沒多久，有個婦人出來迎接他，原來是小玉的老媽，年過四十還是風姿綽約的淨持。淨持打量了他一番，雖然不帥，但是也沒有長歪，乾淨斯文的樣子，越看越是順眼，就對他說，我女兒就託付給你囉，隨即讓小玉走了出來，眼神流轉間，盡是動人的瀲灩波光。李益一見她，立即兩眼放光跳了起來，把整座屋子都看作相互照耀的瓊林玉樹——真是美爆啦！

小玉坐到老媽身邊，只聽淨持對她說：「妳不是最喜歡看著窗簾念『開簾風動竹，疑是故人來』嗎？這首詩就是這位李先生寫的，見到作者本人感覺不錯吧？」小玉低下頭，露出意味不明的微笑，輕聲說：「見面還不如聞名呢，才子怎能沒有漂亮的相貌？」李益聽了，心下著急，深怕她也是個外貌協會，嫌棄自己的長相，趕快拜了拜，說：「妳喜歡才華，我喜歡美色，我們兩個湊在一塊，才和貌就都有啦。」母女倆相視而笑，覺得他挺逗趣的，就舉起杯來和他乾了幾杯。酒過三

巡，李益被安置到一個房間休息，他躺在床上，心裡一陣砰砰
跳，終於讓我等到這一刻啦！沒多久，小玉就進了門，兩個人
也不著急，半倚在床邊，就著昏暗的燭光吟詩作對、談情說愛
了一番，李益被嬌媚婉轉的小玉迷得七葷八素，覺得宋玉說的
巫山神女、曹植遇到的洛水仙子，也比不過懷中的小美人啊！
半夜，小玉突然流著淚對李益說：「我知道自己只是個娼妓，
配不上你。你現在這麼喜歡我是因為我長得美，等到哪天年老
色衰，我就會像秋天的扇子一樣被拋棄，像女蘿一樣沒有大樹
可以依靠。想到這裡，我不禁在最快樂的時候難過起來。」李
益趕緊安慰她，放心吧，我才不是那種色鬼負心漢。說完，就
向小玉要了一條白絹，把山盟海誓都寫在了上頭，才讓她破涕
為笑。小倆口就這樣恩恩愛愛度過了兩年。

　　到了第三年，李益要到鄭縣去當官，臨別的時候，小玉對
他說：「你這次回家，你爸媽一定會讓你結婚，我們當初的誓
言都只是空談而已。只是，我有個小小的願望，不知道你能不
能答應？」李益驚怪地說：「我做錯了什麼，你幹嘛突然這
樣？你說什麼我都聽你的！」小玉又說：「我現在十八歲，你
也才二十二歲，我們就一直交往到你三十歲，你再去和那些名
媛貴婦結婚也還來得及；至於我，就去出家當尼姑，反正一輩
子能有八年快樂的時光也夠了。」李益又慚愧又感動，哭著對
小玉發誓，絕對不會拋棄她的！

　　上任十天後，李益就請假回洛陽的家看親人，家裡人已經
幫他定了婚約，對象是住在長安的表妹盧氏。李益不敢違抗，
但因為家裡不富有，對方又要求很高的聘金，他只好到處去借

錢，等到錢都湊足了才辦婚禮。在這期間，李益因為自己真的
成了負心漢，完全不敢和小玉聯絡，就連到長安準備結婚的時
候，都只是祕密地找了一個隱蔽的地方住，不讓其他人知道。
然而，小玉還是聽到了這個消息，就找了很多人叫李益來看自
己，他卻怎麼都不肯來。當時，小玉早已憂思成疾，知道李益
連見她一面都不肯，更是傷心地白天吃不下飯，晚上睡不著
覺，一整天都在哭。

　　這件事漸漸被越來越多人知道，大家都很同情小玉，對
李益的薄倖嗤之以鼻。這年春天，當李益在花園散步時，突
然有個拿著彈弓，長相俊美的豪俠和他攀談，說自己一直很仰
慕李益，想請他到家裡玩。李益本來還有點猶豫，但一聽帥哥
說他們家有很多會唱歌跳舞的美女，就立刻跟他走了。走一走
發現，不對，這裡不是小玉家嗎？正要開口問，就被帥哥丟進
牆裡，門也被鎖起來。久病在床的小玉聽到李益來了，就爬起
來去見他，瞪了他好一陣子，把李益嚇得大氣都不敢出一口，
然後憤怒地說：「都是你！害我就要懷恨病死，再也不能去逛
街，也不能供養我老母了。我死以後一定會變成厲鬼，讓你所
有大老婆小老婆，通通不得安寧！」說完，把酒杯丟在地上，
高聲痛哭幾聲便氣絕身亡。

　　之後，李益每次喜歡上女人，就會莫名其妙懷疑對方劈
腿，不管她們怎麼解釋都聽不進去，而且猜忌之心越來越重，
一有什麼風吹草動，就立刻暴跳如雷，對這些女人拳打腳踢，
或是在自己出門的時候，把人銬在床上貼上封條，回家後查看
有沒有撕過的痕跡。

就這樣，小玉的詛咒真的靈驗了。

第五章　鬥雞神童獲皇恩：東城老父傳

　　玄宗還是親王時，就很喜歡民間在清明節期間舉行的鬥雞遊戲。當上皇帝後，更修建了雞場，裡頭養著一千多隻金光閃閃、雄赳赳氣昂昂的公雞，並從禁軍中選出五百位少年，讓他們飼養、訓練這些雞。正所謂風行草偃，皇帝這麼喜歡鬥雞，底下的人自然也跟著蔚為潮流，上至皇室貴族，下至平民百姓，為了買到英勇的雞，在遊戲中獲得勝利，即使散盡家財也再所不惜，就連很窮的人，也要賣肝賣腎，就算只能玩玩假雞，過過乾癮也開心。

　　有一次，玄宗到街上閒逛，看到一名眉清目秀的少年賈昌在玩木雞，他就想啊，這小鮮肉玩起假雞來倒是有模有樣，如果訓練起真雞應該也不會差吧，就把他召入宮中試試，結果還真的頗有成效，不論是刁蠻任性，還是生澀怯弱的雞，都被他馴得服服貼貼。賈昌對雞非常了解，什麼時候要給牠們喝水、吃東西，或是一有疾病跡象，他都瞭若指掌，活像是這些雞的親生媽媽。每次有慶典表演，其他藝人看到賈昌指揮雞群作出的精彩表演，都覺得自己再怎麼努力也比不上他。憑著這樣的本領，賈昌很受玄宗的寵愛，不僅讓他當五百馴雞少年的頭頭，每天照三餐送他金銀絲綢，開元十三年的時候，還讓他帶著三百隻雞，跟著自己去泰山祭天。玄宗去洗溫泉時，也常常會叫賈昌去見他，兩個人就這樣在池中分享玩雞、鬥雞的技巧和心得，因為聊得太投入，有時候沒注意時間就熱暈過去了。

當時的人把賈昌稱為：「神雞童」，並羨慕地說：「生兒不用
識文字，鬥雞走馬勝讀書。賈家小兒年十三，富貴榮華代不
如。」

　　賈昌不僅自己受寵，玄宗為他娶的老婆潘氏也因為能歌善
舞，很得楊貴妃的歡心。兩人被皇帝和貴妃寵幸了四十幾年，
直到洛陽被胡人攻陷，潼關失守，賈昌知道玄宗前往成都逃難
了，就想趕快跑去保護他，途中馬車卻跌進土坑裡，他的腳也
傷了。賈昌又急又氣，拄著拐杖還想再往前走，沒走幾步卻又
摔跤，傷心地在泥濘中放聲大哭。安祿山攻下長安和洛陽後，
用千金懸賞賈昌，賈昌之後到佛寺躲藏，每次想起以前在玄宗
面前鬥雞的快樂時光，就不禁潸然淚下。安史之亂平定後，他
回到家鄉，看到妻子和兒子和自己一樣落魄憔悴，不勝感慨，
哭了一場，就回到佛寺吃齋唸佛，兒子來看望他也不理。

　　後來，這篇故事的作者陳鴻組去佛塔拜見賈昌，問他之前
朝廷的一些事情，賈昌便緬懷起以前玄宗在位時，國勢昌盛、
糧食富足、百姓安居樂業，各方民族都來朝觀的盛況，對比如
今的情形，真是讓人唏噓啊！

武媚娘傳奇

第六章　妙齡俠女愛出草：聶隱娘

　　唐德宗貞元年間，魏博的手下大將聶鋒有個女兒叫聶隱娘。隱娘十歲的時候，有位尼姑跑到家裡討飯，一看到隱娘，眼睛就立刻變成兩顆愛心，對聶鋒說：「先生，把你女兒給我吧！」這穿著骯髒破爛的光頭竟敢打寶貝女兒的主意，聶鋒非常不爽，罵道：「怪阿姨走開！」怪阿姨哼了一聲，陰惻惻地說：「就算你把她鎖在鐵櫃裡，老娘也偷得走！」到了晚上，隱娘真的不見了，聶爸和聶媽既驚訝又傷心，卻怎麼也找不到隱娘，此後，每每想到失蹤的女兒，兩人也只能相對而泣。

　　五年後，隱娘被送了回來，怪阿姨說了句：「隱娘已經學成了。」隨後就化作一陣清煙，飄去其他地方了。聶鋒一家人悲喜交加，問隱娘這些日子都在學些什麼，隱娘說，就是讀經念咒啊，沒什麼特別的，見聶鋒不相信，只好老實回答：「我被帶走後，就一直走一直走到了一個大石穴，裡面很多猴子，但沒人住。阿姨本來已經帶著兩個聰明又美麗的女孩了，但奇怪的是，她們不吃東西，還能在峭壁上飛走。她給了我一粒藥丸和一把寶劍，讓我跟兩個女孩學攀岩，一年後學刺猿猴，後來又殺虎豹，三年後能飛了，就學刺老鷹，每次都百刺百中，真是太優秀了。到了第四年，我被帶到某個城市，阿姨指著一個人，將他的罪過一一說了出來，叫我在不知不覺中，把他的頭割回來。雖然當時我有點害怕，不過沒關係，反正我有點近視，看不清楚他的臉，於是就當是刺飛鳥，光天化日之下用

匕首輕輕一割——第一次殺人就上手，而且還沒有人發現唭！我把他的頭帶回石穴中，用藥一撒，人頭變化成一攤水。五年後，阿姨又讓我去殺一個大官，說他害死很多人，於是我再度出草，把人頭又給提了回來。本來以為阿姨會稱讚我，沒想到她卻罵『怎麼這麼晚才回來？』我委屈地說：『我看他在逗孩子玩，沒忍心下手。』阿姨聽了大罵：『不會先殺了孩子，再斃了他嘛！』我聽了，立時茅塞頓開：管他什麼孩子，殺光光就對了。阿姨又說，她把我的腦給開了，匕首藏在裡面就傷不到我，要用時再抽出來，最後因為我已經學成，就把我給送回家了。」

　　聶鋒聽完嚇得要死，心想：好可怕的妖尼，居然把我可愛的乖女兒，弄成了一個獵頭怪咖！此後，每到晚上隱娘就不知去向，天亮才回來，聶鋒雖然覺得奇怪，卻什麼也不敢問，也不怎麼疼愛她了。某天，一個少年鏡子磨著磨著就磨到了聶家門口，隱娘看到鏡中的自己，覺得真是太美了，就愛屋及烏，跟老爸說要嫁給少年。聶鋒一聽，當然好啊，結了婚就不會再跟他們住，自己再也不會有事沒事就踩到不知從哪來的人頭，於是就讓隱娘嫁了，每個月都給她一大筆生活費。

　　聶鋒去世後，魏博聽到一些隱娘的事蹟，就賞了一堆金銀財寶請她來幫助自己，不過一直都沒機會讓隱娘大顯身手。幾年後，魏博和陳許節度使劉昌裔互看不爽，於是魏博就叫隱娘去割了他的頭。沒想到劉昌裔神機妙算，早已料到自己會引來割頭魔人，就召集手下說：「明天早上到城的北邊，會有一個男人和他老婆各騎著白驢和黑驢，遇到一隻鵲在他們面前叫的

時候，丈夫用彈弓射，可是他太遜了所以沒射中，她老婆把彈弓拿過來，一射就把鵲射死了，這時候就對他們行禮，說我想見見他們，才讓你們在那邊等著。」手下照做了，事情果然如劉昌裔所料，隱娘夫妻覺得他真是太神了，就拋棄魏博，跳槽到劉昌裔麾下。有一天，劉昌裔想去跟他們的驢玩，卻發現小黑和小白都不見了，派人去也找不到，只發現有個布袋，裡面裝了兩隻紙驢，正是一黑一白。

　　一個月後，隱娘把自己的頭髮用紅絲巾包起來，放到魏博的枕頭前，表示自己不要他了，回來後對劉昌裔說：「魏博很迷戀你的首級，後天晚上會派精精兒來殺我，然後割掉你的頭；不過別擔心，我會保護你的。」劉昌裔扭了扭脖子，笑著說：「我才不怕。」這天晚上，燈火通明，半夜之後，果然有一面紅旗和一面白旗，在床的四周打來打去，過了很久，有個人從空中跌到地上，劉昌裔拿起眼鏡一看——唉呀，腦袋和身體分家了。隱娘這時也出現了，一邊讚嘆自己割頭技術一點都沒有生疏，一邊毀屍滅跡，然後說：「後天晚上，魏博還會派空空兒來，他比我還厲害，你用于闐玉圍著脖子，蓋著棉被，我變成一隻小蟲，潛入你的腸裡等待時機，這辦法有沒有用，就看你的造化囉。」劉昌裔照著做了，閉著眼但沒有睡著，到了三更，果然聽到脖子上砰地一聲，隱娘從他口中跳了出來，說：「沒事啦，空空兒一擊不中，就會覺得很丟臉，跑到很遠的地方去了。」其他人查看劉昌裔脖子上的玉，還真有一道匕首劃過的深痕，從此以後，隱娘夫婦更加被禮遇。

　　過了幾年，劉昌裔要被調到京城的時候，隱娘不想去，就

說：「我要退休去遊山玩水，你隨便安排個工作給我老公就行了。」劉昌裔照辦了，後來漸漸和隱娘斷了聯繫。劉昌裔死的時候，隱娘騎著小毛驢來到京城，在他的靈柩前哭得很傷心。後來，劉昌裔的兒子巧遇隱娘，隱娘告訴他：「別繼續做官，你快要大禍臨頭了。」然後取出一顆小藥丸，說可以免他一年災。劉縱覺得莫名其妙，這女人啥時搞算命了？但還是吃了小藥丸，甜甜的味道化在嘴裡，然後繼續當他的官。一年後，劉縱還真的死了。從那之後，就再也沒人見過這位割頭女俠了。

第七章　故事還沒說完不可以睡著

　　看完以上故事，是不是覺得情節很精采，題材很豐富呢？

　　事實上，唐傳奇創作題材有的來自民間傳說，或由真實人物、史實改編，有的則取材自前代的筆記雜文加以鋪排潤飾而成。如〈枕中記〉和〈南柯太守傳〉皆以東晉干寶《搜神記》中的盧汾夢入蟻穴為基礎改寫，〈杜子春〉則改編自《大唐西域記》中的〈烈士池〉等。同樣地，唐朝傳奇也影響了許多後世的創作，自宋朝話本及諸宮調、元代雜劇，乃至明清戲劇和小說，皆有改編自唐傳奇的作品。

　　除了後世改編，唐傳奇也影響了許多日本文學創作。如〈補將總白猿傳〉被改編為〈白菊夫人猿掛岸勇射怪骨〉，〈李娃傳〉改寫為《李娃物語》。日本近代文學家芥川龍之介還根據〈杜子春〉重新編寫了新版的〈杜子春〉故事。在芥川龍之介的改寫中，富家子弟杜子春看破萬物，入山向一位道士學修行，杜子春在地獄中看見父母被嚴刑拷打，叫出聲音而破功。道士對杜子春說，若杜子春見父母受苦仍不為所動，他將殺了杜子春。杜子春因而領悟人類情感不可拋棄，遂不再追求得道成仙，回家鄉體驗平凡的生活。芥川龍之介將自己的觀點帶入改寫的創作中，成為一則新的故事，也可看出唐傳奇影響之廣。

　　唐傳奇不僅為後世作品提供了豐富的改寫題材，甚至流傳海外，影響了日本的文學創作。如果唐傳奇能夠化為人形，一

定會把下巴抬得高高的，從鼻孔吐出一口大氣，說：「我真是太偉大啦！」

唐傳奇及後世改編作品

唐傳奇代表作品	後世主要改編作品
〈補江總白猿傳〉	宋〈陳巡檢梅嶺失妻記〉、徐鉉《稽神錄・猿竊婦人》；明瞿佑《剪燈新話・申陽洞記》
陳玄祐〈離魂記〉	元鄭光祖〈迷青瑣倩女離魂〉
沈既濟〈任氏傳〉	金〈鄭子遇妖狐諸宮調〉
許堯佐〈柳氏傳〉	宋〈章臺柳〉；金〈楊柳枝〉；元鍾嗣成〈章臺柳〉、喬吉〈金線記〉；明梅鼎祚〈玉合記〉、張四維〈章臺柳〉、吳鵬〈金魚記〉、吳長儒〈練囊記〉；清胡無悶〈章臺柳〉
李朝威〈柳毅傳〉	元尚仲賢〈洞庭湖柳毅傳書〉、李好古〈張生煮海〉；明許自昌〈橘浦記〉、黃說仲〈龍簫記〉
李公佐〈謝小娥傳〉	明凌濛初《初刻拍案驚奇・李公佐巧解夢中言謝小娥智擒船上盜》；清王夫之〈龍船會〉
蔣防〈霍小玉傳〉	明湯顯祖〈紫釵記〉

白行簡 〈李娃傳〉	宋〈李亞仙〉；元石君寶〈李亞仙花酒曲江池〉；明朱有燉〈李亞仙花酒曲江池〉、薛近兗〈繡襦記〉、徐霖〈繡襦記〉
元稹 〈鶯鶯傳〉	金董解元〈西廂記諸宮調〉；元王實甫〈西廂記〉；明李日華〈南西廂記〉、陸采〈南西廂記〉
沈既濟 〈枕中記〉	元馬致遠〈黃粱夢〉；明湯顯祖〈邯鄲記〉
李公佐 〈南柯太守傳〉	明湯顯祖〈南柯記〉
陳鴻 〈長恨歌傳〉	元白樸〈梧桐雨〉、關漢卿〈唐明皇哭香囊〉、王伯成〈天寶遺事〉；明吳世美〈驚鴻記〉；清洪昇〈長生殿〉
袁郊 〈紅線〉	明梁辰魚〈紅線女〉
裴鉶 〈聶隱娘〉	宋〈西山聶隱娘〉；清尤侗〈黑白衛〉
裴鉶 〈崑崙奴〉	明梅鼎祚〈崑崙奴〉
杜光庭 〈虬髯客傳〉	明張鳳翼〈紅拂記〉、張太和〈紅拂記〉、凌濛初〈虬髯翁〉及〈北紅拂〉
薛調 〈無雙傳〉	明陸采〈明珠記〉
李復言 〈杜子春〉	明馮夢龍《醒世恆言・杜子春三入長安》

第 五 部
姐姐妹妹站起來！

第一章　天天和老公放閃的戰神：婦好

魅力★★★★★
智力★★★★
統率★★★★★
政治★★★★★
外貌★★★★★
評價★★★★★

　　台灣有位女副總統呂秀蓮女士，南韓更出現首位女總統朴槿惠女士，但大家知道中國歷史上最早被文字記錄下來的女政治家是誰嗎？答案是「婦好」。

　　商朝第二十三位君王武丁有六十多位老婆，婦好只是其中之一，為武丁的第一任王后。由於真實姓名已不可考，我們只知道婦是對親屬的尊稱，好可能是姓或名。

　　婦好的事蹟在現存文獻中並無記載，我們對於她的認識都是源自於商朝的甲骨文，從裡頭的一些內容可以看出，婦好不但是商朝最高等的祭司，也是一位能夠帶兵征戰的將軍。

　　商朝是相當倚賴祭祀的國家，任何事情都要反覆占卜，祈問鬼神才可執行，因此，祭祀可說是當時最重要的政治活動。婦好身為當時的最高祭司，許多重要祭祀都是由她來主持，其重要性可見一斑。除了占卜，她也是名勇猛的將軍：婦好墓中曾發掘出四件青銅鉞，最大的一件有九公斤，其重量為同類物

品中非常罕見的。銅質或玉質的鉞在商周時代是王權和軍事指揮權的象徵，可見婦好在生前是極重要的一位將領。另外，由於斧鉞上面刻有婦好之名，因此也推測有可能是婦好生前使用過的武器。能夠拿著九公斤的斧頭衝鋒陷陣，婦好的肌肉肯定非常發達。

婦好還有另外一項才能：鑄造青銅器製品，「司母辛鼎」便是她的作品之一。「鼎」在古代是國家重要的器具，當然不是隨隨便便能夠讓人製造或擁有，歷史上女子鑄鼎，婦好可是第一人啊！

對於這樣一位文武兼備的老婆，武丁可是喜歡得緊。有一年，北方邊境發生戰爭，雙方相持不下，婦好便主動請纓，要求率兵前往，武丁深知愛妻的才幹，卻又怕刀劍無眼，若是她有個三長兩短，自己一輩子的幸福可就毀了！但仗沒有人打怎麼辦呢？武丁把這件事拿去問鬼神，結果卜出了大吉，這才決定放手由王后出征。婦好身先士卒，一馬當先，再加上調度得宜，很快就殲滅敵軍。

從此之後，武丁便更加倚賴婦好的能力，常常讓她擔任統帥，東征西討。戰無不勝的婦好拿下許多地方，幫助武丁將商朝的疆域開拓了好幾倍。其中，在與羌族的一場大戰中，武丁更將國內一半以上的兵力都交給婦好指揮。當時商朝的西北邊境久經戰亂，長久下來不知消耗多少國本，最後在婦好的帶領下，才得到讓敵人俯首稱臣的重要勝利，商之西境因而得以安定。

很多人覺得帝王身邊的妻妾大部分都是花瓶，整天宅在

後宮無所事事，人生唯一的目標就是爭寵；而帝王則薄情寡悻，反正宮裡所有女人都是他的私有財產，隨時想到誰就臨幸誰，或者抽籤決定，有些比較荒淫的人還會一次來個「滿漢全席」，專情一人是非常少有的。然而，武丁對婦好的愛卻出乎意料地深厚。

每次婦好凱旋歸來時，武丁總是無法掩藏心中的雀躍，一定要出城相迎，據說最遠的一次還迎出八十多公里！若兩人各自帶兵在外相遇，更是將部屬甩在一旁，拼命放閃。武丁十分敬重婦好，不但沒把她當成自己的玩物，更尊重她獨立的一面。婦好有自己可以管理的封地，也定期向武丁繳納一定的貢品，帝王與諸侯的關係絕不會因公廢私。雖然因為征戰和管理封地而常常相隔兩地，但你心中有我，我心中有妳，小別勝新婚所以一見面就乾柴烈火，讓兩人的感情始終這麼火熱！

可惜，紅顏總是薄命，老天很少讓英才活太久，婦好在三十三歲那年不幸離世，她的死主要有兩種說法，一是因難產而過世，二是因戰役而亡，不管實際情形為何，她的死可是讓武丁痛徹心扉，錐心刺骨呀！在那個沒有相片的年代，武丁便將她葬在處理國家大事的宮室旁。他多次帶著兒孫舉行大規模的祭祀，更替她舉行多次冥婚，將她許配給三位先商王，認為偉大的祖先照看下，婦好在幽冥世界一定能夠獲得最好的保護與關懷。此外，只要國家有戰事，武丁一定親自率領大臣和子孫為婦好舉行大規模的祭祀，請求她在另一個世界保佑自己國運昌隆、百戰百勝。

雖然婦好已經是四千年前的人了，但是通過文物和甲骨文

的記載，我們仍得以一窺這位傳奇女性的英姿，而她和武丁伉
儷情深的故事，也將會一直流傳下去！

第二章　從良家婦女變身大魔頭：呂雉

魅力★
智力★★★★★
統率
政治★★★★★
外貌★
評價★★★

　　如果在網路上發起一項投票「中國歷史上最心狠手辣的女人」，相信呂雉不是冠軍，也肯定是亞軍。這位以呂后稱呼而廣為人知的女強人，最著名的事蹟便是殘忍地把自己的情敵活生生弄成了「人彘」；不過，卻鮮有人知其實她本來並不是個變態殺人魔，反而是個好傻好天真的純情少女。那麼，究竟為何會有這樣戲劇性的轉變呢？

　　一切都是從一個渣男開始。

一遇渣男誤終生

　　劉季本名劉季，原本只是沛縣的泗水亭長，和現在的派出所所長差不多，呂雉的父親則是沛縣地方的大土豪。當年呂雉的父親要舉辦生日趴，劉季這個馬屁精想來抱一下大腿，但是他錢沒有，臉皮倒是比這本書還要厚，虛報「賀錢一萬」就登堂入室。呂雉她爹本來怒火中燒，想把這不要臉的髒東西轟

走，但是，很會看相的呂老爹見到劉季後頓時驚為天人，認為他將來肯定是個了不起的人物；因此，就算他老婆極力反對，認為劉季是什麼角色，憑什麼娶咱家女兒，呂老爹還是說什麼也要把女兒嫁給這個好色又低級的無賴，最後便造就了這段孽緣。

呂雉一開始其實是個賢慧的女人。當時的劉季喜歡到處閒晃、招搖撞騙，每個月在家的時間一隻手數得出來。有這麼不務正業的老公，呂雉只得天一亮就出門親自下田耕種，晚上回來還要做一堆家務和照顧孩子，素來被捧在手心的豪門嬌嬌女，就這樣淪為苦命又無薪的多功能職業女傭。

後來，秦始皇駕崩，天下亂成一團，群雄紛紛揭竿而起，劉季也加入這個行列，混著混著，居然也混上了漢王，改名劉邦。劉邦這人雖然沒什麼良心，但還是有想到要把還在沛縣的家屬接過去；然而，在受到楚軍的阻撓後，劉邦就覺得麻煩死了，我的工作這麼多，沒空理閒事，便沒有更積極地想辦法，成天泡在女人堆，或者和客戶應酬去了。隔年，劉邦趁項羽跑去齊地處理併購案，家裡沒大人的時候殺進項式企業的總公司，卻被聽到消息迅速趕回來的項羽揍得鼻青臉腫，狼狽地跑回家，絲毫不顧後面的老爸和老婆大喊救命。項羽抓到可憐的劉老爹和呂雉後，威脅劉邦說要把劉老爹煮了吃，劉邦居然還嘻皮笑臉地說：「好啊，煮完之後記得分我一杯羹唷！」對親生爸爸尚且如此，何況是從來沒受過重視的老婆？呂雉就這樣成為階下囚，度過人生最悲慘的兩年，一直到楚漢議和時，靠著蕭何從中協助，呂雉才回到漢軍陣中。這段歲月讓本是天

真小白兔的呂雉性情大變，從任勞任怨的阿信變成心胸狹隘、陰險毒辣的女人，更讓她徹底認清劉邦就是個忘恩負義的大爛人！變身成功的呂雉一回到家，就見到一個年輕美眉陪著劉邦，差點沒被氣死。呂雉硬是把這口氣吞了下來，她必須忍辱負重，等時機成熟，再弄死那賤人！

　　精明能幹又有土豪老爸撐腰的呂雉，很快便成為劉氏企業的高層決策人員，雖然兩人早已同床異夢，但卻是彼此最重要的政治盟友。等級突飛猛擊的呂雉想知道自己到底有多強，便開始斬人試刀。和劉邦打天下的功臣們下場大部分都很淒慘，像是聰明但不會察言觀色的天然呆韓信，居然看不出來老闆是個小鼻子小眼睛，疑心病超重的小孬孬，當劉邦把他從齊王降為楚王，再貶為淮陰侯時，還不知道要趕緊抽身保命，直到被陳平用計活捉，廢為平民。韓信沒被殺是因為劉邦好心嗎？錯！是因為他和韓信有約「見天不殺，見地不殺，見鐵器不殺」，所以，饒是劉邦每天作夢都夢到把韓信碎屍萬段，卻還是無法動手殺他，畢竟堂堂企業總裁，怎麼可以失信於人？沒關係，劉邦還有一個大絕招：關門，放呂雉。她先是命人將韓信「抗布袋」，再用竹籤玩戳戳樂，戳著戳著，就這麼把他給戳死了，果真是不見天、不見地、不見鐵器呀！兩夫妻就這樣狼狽為奸，大殺功臣，開國元勳中，除了懂得明哲保身的張良和蕭何，其他人幾乎都被殺光了。

人彘太美我不敢看

　　呂雉最遭人詬病的，便是她對付情敵的手段太過恐怖。不

過，一個如花似玉的好姑娘被老爸強迫嫁給了渣男，一路為他受苦卻得不到感恩，囂張的小三還成天在自己跟前扭著小蠻腰顧人怨；如果最後報復的方式沒有這麼殘酷，恐怕這齣大老婆絕地大反攻最後收拾小三的戲碼，其實是滿大快人心的。

要看這位小三如何白目，就要說到當年，呂后的小孩劉盈都已經被封為太子了，戚夫人還不斷慫恿劉邦改立自己的兒子如意。劉盈因為善良軟弱，不是很討劉邦喜愛，所以對他有點疏遠，又常常對別人說「如意這孩子像我」，讓呂雉極度不安。不過，呂雉可是有著消除韓信、彭越、英布等功臣的超高經驗值，又頗受朝臣支持；而戚夫人僅是個只知道賣弄風騷的舞者，沒有什麼謀略，更不懂收買人心。因此，劉邦多次想要廢劉盈改立如意，都被眾朝臣擋住。在張良的建議下，呂雉請出四位隱居很久的高人來輔佐太子，他們可是連劉邦都請不動的大人物，在朝堂上卻將呂雉和太子劉盈捧得比天還高。劉邦沒轍了，只好告訴戚夫人，我盡力了，然後唱首歌暗示她好自為之，就拍拍屁股走人，獨留戚夫人一個人傷心哭泣。

劉邦死後，劉盈成了漢惠帝，呂雉終於等這一天實在太久了！她立刻派人把萬惡的小三囚禁起來，將她剃成光頭，在脖子上加個鐵圈天天舂米。本來這樣也就完了，偏偏戚夫人被關起來後她不但沒有乖乖地舂米，反而寫了一首曲子《舂歌》：「子為王，母為虜，終日舂薄暮，常與死為伍！相離三千里，當誰使告女？」這用意很明顯，就是對兒子喊話：快救你老母！呂雉見她都到這地步了還不安分，冷笑三聲，先是毒殺了劉如意，再派人將戚夫人的手腳砍去、挖除雙眼、燒聾雙耳、

強灌啞藥，最後丟在茅廁中，命名為「人彘」。看著自己的傑作，她歡快地笑了起來：好美的一頭豬啊！因為畫面實在太美了，所以呂雉決定分享給兒子看，原本以為他會立刻點個讚，沒想到劉盈卻看不懂這團會動的「肉球」是什麼，問過之後才知道那是戚夫人，從小最怕看恐怖片的劉盈立刻崩潰，哭叫著說：「這絕對不是一個人做得出來的事！」最後，人彘被丟進廁所，蠕動三天三夜才靜止不動。

除了小三，呂雉對劉邦的恨意也在他死後完全爆發。為了削弱劉家，陸陸續續殺害多位劉邦的子嗣。然而，和痛快報仇的老媽不一樣，在目睹戚夫人的慘狀後，劉盈脆弱的心靈受到了嚴重的傷害，他無法接受疼愛自己的老媽竟然是個泯滅人性的大變態，又覺得自己身為皇帝，卻連爸爸最喜歡的妃子還有弟弟都保護不了，還談什麼治理天下？從此天天酗酒，縱情聲色，再不過問朝政，也刻意不去注意自己的健康，很快就病倒了，死的時候才二十三歲。

簡單粗暴的愛慕者

雖然後來性情大變，異常殘忍，但呂雉在政治上卻很有貢獻。她成功化解了宮廷的權力鬥爭，而且，雖然呂雉大權獨攬，她仍然遵從劉邦臨終前所做的人事安排，重用蕭何、曹參、王陵、陳平、周勃等大臣，這些大臣也都能夠對人民視如己出，不勞役人民，與民休息和無為而治。為了鼓勵生產，在工商業採用了自由政策，並且實施輕賦稅，讓人民減輕生活壓力。她還修改漢法來改善治安，提倡勤儉治國，禁止浪費和奢

侈的行為，使天下太平，百姓豐衣足食，犯罪率降低，為「文景之治」奠定了厚實的基礎。

　　呂雉也具有非凡的氣度，劉邦死後，匈奴冒頓單于下書羞辱呂后，說妳死了丈夫，我死了老婆，不如我們兩個來歡樂一下吧！朝中大臣無不憤怒，紛紛提議要起兵攻打匈奴，但郎中季布明確指出劉邦時與匈奴的戰役中，並未占得太多優勢，所以才會以和親來換取漢朝的發展。呂雉為了國家，壓抑怒火，平心靜氣地繼續使用和親手段解決，讓匈奴自愧不如，遣使者向漢朝認錯，因此避免了一場惡戰。

　　無論世人對呂后的評價為何，她傳奇的一生，卻實實在在讓複雜的中國歷史多了一道絢麗色彩。

第三章　鐵血與柔情兼具的政治家：馮太后

魅力★★★★★
智力★★★★★
統率★★★
政治★★★★★
外貌★★★★★
評價★★★★★

　　北魏馮太后，人稱文成文明皇后。外貌秀麗端莊的她，十一歲便被選為北魏文成帝的貴妃，十四歲被冊封為皇后。文成帝駕崩，她以太后的身分攝政，獻文帝死後，又悉心指導與輔佐孝文帝，在她的帶領下，不僅穩定了混亂的局勢，也成功實行「太和改制」，使北魏王朝國力日漸強大，經濟和文化都有了空前的發展。

別動老娘的小狼狗！

　　魏晉南北朝是個相當混亂的朝代，當時的北魏在文成帝統治下還算穩定。馮氏是一位聰明美麗又賢慧的女人，她非常體恤老公為國為民的辛勞，盡全力協助他解決各種不愉快，生活上給予他更多的溫暖，只要文成帝想要的，她無不努力達成，讓文成帝在她身邊時，能夠暫時忘記朝廷鬥爭以及外患的威脅。當時的太子拓跋弘並非馮皇后所生，她的媽媽李氏早已

因為那時「子貴母死」的制度，在拓跋弘被立為太子後就遭賜死。會有這麼奇怪的規定，主要是怕皇帝若是年幼登基，她老媽會趁機把權亂政。李氏被賜死後，馮皇后便擔起了養育的責任，將拓跋弘視如己出，竭盡所能的照料，這點讓文成帝深感窩心。

文成帝在二十六歲那年駕崩，馮太后痛不欲生，天天以淚洗面。當時北魏有項制度，要在死後三日焚燒帝王生前的衣物及用品，朝中所有人都到場哀悼，沒想到大火燒得正旺時，馮太后居然一邊高聲哭泣，一邊衝向火堆，幸好旁人反應夠快，及時將她拉出才未被燒死。看到人生跑馬燈後，馮太后對生死有了更深的體悟，讓她的性格更加堅強。

年僅十二歲的拓跋弘甫一即位為獻文帝，太原王車騎大將軍乙渾覺得這對孤兒寡女簡直是塊白豆腐──不吃對不起自己，便野心勃勃地想要篡奪皇位。他多次不懷好意地向當時的安遠將軍吏部尚書賈秀說，應該要讓朝廷給他的妻子加封公主的名號，賈秀知道乙渾的用心，明確表示自己才不跟他同流合汙，讓乙渾當場大罵他不知好歹。乙渾密謀造反的小動作不斷，然而，馮太后早就已經計畫好要如何應對，命令拓跋丕、牛益、牛益等人率兵逮捕乙渾，順利平定乙渾之亂，並誅他三族。接下來的一年半，為了防止再有大臣欺負幼主，馮太后便宣布臨朝聽政，自己親自處理政務，憑藉著多年的經驗與膽識，成功穩定了北魏的政局。

獻文帝十四歲時開始親政，雖然小時候很受馮太后的照顧，但畢竟不是親生母子，又覺得朝中很多大臣都是馮太后的

人，百姓也很愛戴她，因此非常不爽繼母的威望和影響力都比自己大。正值叛逆期的他，千方百計要和太后作對，便開始將馮太后信賴的臣子一個一個拔除，並重用反對她的人，培養成自己的心腹。

馮太后把他這些舉動都看在眼裡，但也懶得跟個小屁孩計較，直到自己心愛的小男寵李弈被弄死。

年紀輕輕就守寡的她，再操勞國事，管教屁孩之餘，自然還是想要有些感情生活。李弈是位官宦子弟，樣貌堂堂，才華出眾且風流倜儻，很得馮太后歡心。後來，李弈的兄長被人陷害而獲罪，獻文帝便藉機將兩兄弟殺了。馮太后失去了這麼可愛的小狼狗，真是心痛不已，獻文帝還將當初陷害李弈兄弟的李訢提拔為尚書，馮太后怒不可遏，便利用自己的權勢與威望逼獻文帝讓位。在各種壓力下，他只好將皇位傳給了還不滿五歲的兒子拓跋宏，獻文帝也成為歷史上最年輕的「太上皇」，因為他禪位時只有十八歲。

拓跋宏便是歷史上非常有名的孝文帝，即位之後，他老爹沒有完全放棄權力，要求所有國家大事都要向他啟奏，還率兵征討，向馮太后示威：老子還握有兵權呢！馮太后也不是吃素的，決定再次臨朝稱制，並突然宣布戒嚴，整個京城的氣氛相當詭譎，腥風血雨很快就要到來。馮太后策劃了一場鴻門宴，召太上皇來見他，人一到，便被伏兵一擁而上抓了起來，從此被軟禁。沒過多久，便傳出太上皇死去的消息。究竟拓跋弘是不是馮太后殺的，歷史上沒有明確記載，不過以太后對他的恨意，遲早都是要把他幹掉以慰李弈在天之靈的。

妳是天，妳是光，妳讓我亮瞎

獻文帝死後，政局一時又混亂起來。馮太后再一次展現她
過人的手腕與魄力，先是把當年陷害小情人的李訢宰了，其餘
的貪官污吏也都被馮太后一網打盡。為了再次鞏固政權，她將
可能有叛亂意圖的人都殺得一乾二淨，對那些野心較小的人則
採取籠絡手段，同時，也任用許多賢能的人；這樣恩威並施的
手段，讓朝中上下大臣對她是又敬又怕。

孝文帝在位時，最有名的政績便是「太和改制」，很多人
都說這是他的功勞，實際上馮太后才是真正的幕後操盤手。這
一連串的改革中，「俸祿制」確定了官員的俸祿，如果有人一
邊領薪水，一邊還敢貪污，那就等著被揍！「三長制」主要是
針對地方基層組織進行變革，目的是避免地方勢力太過強大，
而導致有些豪強不甩朝廷，雖然推行過程中受到阻擾，但在馮
太后堅定的意志與朝臣的努力之下，北魏終於建立較完整的地
方基層組織，可以方便進行人口普查及確定課稅標準，防止逃
漏稅，大大增加北魏的國力，也提高了自己的權威。「均田
制」則按口計田，把現有的土地分配整理，每戶人家擁有土地
有限，並對地主訂出土地不能買賣，使窮困的農民得以自給自
足，而荒廢的農地也有人來耕種，再配合「租庸調」制度，以
「一夫一婦」為徵收租調的單位，一年繳出一匹帛、兩石粟，
不但讓農民脫離地主豪強自成一戶，減輕了農民的負擔，也增
加了國家的稅收。馮太后也改革教育制度，讓國家學習漢族禮
儀及生活方式，推廣儒法並禁止卜筮，為後來孝文帝遷都洛
陽，實行大規模的漢化政策奠定了基礎。看到這裡，大家千萬

不要認為變革都是馮太后自己搞得很開心，孝文帝被晾在一旁，馮太后並沒有架空他獨自攬權，反而盡心地教育並輔導他如何成為一位出色的皇帝。

　　史書上對馮太后記載大部分都說她殘忍又淫蕩，不但殺人如麻，且男寵成群，對她在政治上的貢獻卻很少著墨，不是把她的名字隱去，就是把功勞算在當時根本還乳臭未乾的小皇帝頭上。不過，即使古代史家再怎麼性別歧視，還是不能完全掩飾這位傑出女政治家的耀眼光輝！

第四章　武則天的貼身小祕書：上官婉兒

魅力★★★★★
智力★★★★★
統率
政治★★★★★
外貌★★★★★
評價★★★★★

　　前面介紹的三位女強人，不是雄壯威武的將軍，就是比老闆還老闆的老闆她娘。提到老闆，每個老闆身邊一定會有什麼呢？

　　沒錯，就是小祕書！

　　話說，唐朝不僅出了一個女皇帝，還跟著催了一個女祕書。這位小祕書不僅聰慧能幹，且極富文采，從低下的婢女，憑著過人的才華與能力受到武則天賞識，讓她在身邊擔任要職；後來，小祕書藉著精明的手腕，斡旋於各方政治勢力之間。

　　這位小祕書，就是享譽文壇又權傾一時的美女宰相——上官婉兒。

　　一個明月高懸的夜晚，懷有身孕的鄭氏夢見一名巨人送來一桿秤，對她說「拿著它，就可以用來秤量天下。」夢醒之

後，鄭氏把這件事告訴夫家的人，大家都很高興，以為家中將來要出大官了，沒想到生出來後卻是名女嬰。鄭氏望著女兒，困惑地想：「女孩也能秤量天下？」這名女嬰便是上官婉兒，她出生的這年，祖父上官儀因「離間二聖，無人臣禮」的罪名，全家男子被處死，女子全貶為奴。可憐的婉兒一出生就死了父親，和母親一起成了奴隸。

鄭氏出身官宦之家，是位熟讀詩書的大家閨秀，在她的教育下，上官婉兒即便在宮中為奴也得以習字讀書，小小年紀便能詩能文。婉兒十三歲時，武則天聽到宮中有如此才華橫溢的婢女，連忙召她來見，一連出了數道題目，婉兒都對答如流，讓武則天非常讚嘆，就算知道她的爺爺就是當年差點讓自己被廢后的上官儀，也還是對她青眼有加。武則天常常在老公面前誇獎婉兒，讓高宗也對她很有好感，便把婉兒立為才人，免除了她的奴隸身分。武則天很欣賞婉兒的才華，就把她留在身邊替自己辦事，善體人意又工作能幹的婉兒，很快便得到武則天的信任，成為她最親近的祕書，在武則天稱帝後，更成了女皇頒旨下詔時最重要的代筆者。

武則天登基後，李敬業召集了十萬大軍討伐武則天，還請初唐四傑的駱賓王寫了篇《為李敬業討武曌檄》。這份檄文最後被上官婉兒取得。婉兒一看駱賓王寫得文情並茂、振振有詞，不禁為之讚嘆。武則天看到後，也大嘆這檄文寫得動人，問婉兒是何人所寫，她便據實以告，並求老闆不要殺駱賓王。武則天答應了，並下令生擒駱賓王者必有重賞。最終，李敬業兵敗被殺，駱賓王不知去向，民間還盛傳駱賓王躲到深山當和

尚了。雖然駱賓王之事不甚圓滿，但從這裡可以看出，上官婉兒不只自己很有才華，對傑出的文人也是知文惜才。

武則天稱帝後，找了一批男寵風流快活，身為老闆的貼身小祕書，上官婉兒也常常接觸到他們，有時候還會有些出格的舉動。這些事情就發生在武則天眼皮下，但是，因為愛惜上官婉兒這樣的人才，她總是睜一隻眼閉一隻眼，婉兒看老闆知道了也不生氣，便越發地明目張膽起來。一次宴會中，婉兒和張昌宗眉來眼去，這高壓電流超過了武則天能忍受的範圍，便下令將婉兒處以黥刑，以此告訴小祕書，老闆我生氣了，後果很嚴重！沒想到這個黥刑反而讓本就貌美如花的上官婉兒氣質更加出眾，因而成了當時流行的化妝方式，宮中婢女爭相效仿。

武則天病死，中宗復位後，上官婉兒依舊擔任祕書的角色，而且成了中宗的妃子。為了拉攏韋后跟安樂公主，風流的婉兒將以前跟自己有過特殊關係的武三思介紹給韋后。婉兒、武三思、韋后和安樂公主共同把持朝政，架空中宗，並且殺害作對的大臣。當時的太子李重俊眼看這些人越來越囂張，便想先下手為強，動手殺死武三思父子，之後更入宮要清除婉兒及韋后一黨。婉兒、中宗及韋后占據城中險要堅守不出，最終太子重俊兵敗被戮。此後，韋后更加信任上官婉兒，而且不善文的韋后，更將文字工作全交予她。中宗也很欣賞婉兒的才華，讓她評定眾臣所寫詩文，得獎者皆被重賞，婉兒成了當時的文壇巨擘。

李重茂登基為帝後，太平公主和睿宗三子李隆基密謀發動政變，最終李隆基率兵入宮，殺死了韋后及安樂公主一黨，而

出城相迎的婉兒雖然手持她和太平公主一起草擬的中宗遺詔，想證明自己和他是同一邊的，但李隆基卻說：「這個荒淫的女人，褻瀆宮闈，怎麼可以輕易放過她？如果今天不殺她，他日一定會後悔。」最終，上官婉兒被殺，結束她四十六年的精彩人生。

第五章　讓北宋嚇到淚奔的小燕子：蕭綽

魅力★★★★★
智力★★★★★
統率★★★★★
政治★★★★★
外貌★★★★★
評價★★★★★

　　遼朝出產了一車的蕭太后，從遼太宗、世宗、穆宗、景宗、聖宗、興宗、道宗到最後天祚帝，皇后都姓蕭；在這一大堆蕭太后中，最具影響力的莫過於聖宗之母——蕭綽。蕭綽不但有著美麗的外表，智慧也毫不遜色於歷代著名的政治家。在她的帶領下，遼朝進入最強盛的時期，著名的澶淵之盟，就是在蕭綽主導下與宋國簽訂的，開啟了遼宋往後一百二十年的和平。

幫病王掃地的少女

　　在主角登場前，先讓我們來看看當時的遼朝。

　　故事開始於「睡王」——遼穆宗耶律璟，會有這個綽號，是因為他常常酗酒到天亮，睡到下午才上朝，難得清醒的時候，就跑去打獵、玩樂，長期不理朝政。每次喝醉了，就開始神智不清，不僅醉話連篇嘟嚷著要把誰捅死，有時候瘋得厲

害，看到誰就殺誰，親手被他殺死的身邊近侍不計其數，可說人人自危。穆宗在位的十八年，遼朝國勢日漸衰微，政治黑暗、經濟凋敝、兵將疲軟，弄得全國上下怨聲載道；最後，不得人心的睡王被不堪虐待的僕人殺了。穆宗的意外身亡讓朝政更加混亂，在這樣的情況下，景宗耶律賢登上皇位，娶了一位美貌的皇后，就是本章主角蕭綽。

蕭綽小字燕燕，人如其名，有著燕子般清秀的面容，十分標緻。她是北府宰相及駙馬蕭思溫的第三個女兒。蕭氏是遼國十分顯赫的家族，蕭綽的兩位姊姊分別嫁給了宋王耶律喜隱跟齊王耶律庵撒哥。小時候，她曾經和兩位姊姊一同打掃，兩位姊姊只是隨便揮一揮，蕭綽卻認真地把每一片地都掃得一塵不染，蕭思溫看到了很高興，覺得她對小事情也這麼仔細，便欣喜地說：「這個女兒一定可以振興蕭家！」景宗當上皇帝後，因蕭思溫擁戴之功，且一直都很愛慕蕭綽這隻美麗的燕子，便將她接來自己金碧輝煌的巢中居住。蕭綽剛進入宮時，謹記父親的教誨「伴君如伴虎」，小心翼翼陪在景宗身邊。景宗對蕭綽十分喜愛及信任，一開始就封她為貴妃，兩個月後，便在冊封大典上立她為皇后。

跟「睡王」穆宗不同，景宗是位勵精圖治的帝王，進行了一系列大刀闊斧地改革。一時間，混亂的政局變得清明，經濟開始恢復，並整頓吏治、寬減刑罰，為後來聖宗時期的國家興盛奠定了基礎，史稱「景宗中興」。景宗登基時才二十一歲，按理說該是最身強體壯的年紀，然而，他四歲時就親眼目睹自己的爸媽被殺，受到了很大的刺激，身體一直不好，如今

當了皇帝，也常常因為病痛而無法上朝，是個不折不扣的「病王」，因而常常委託年僅十六歲的蕭綽代她處理政事。

一開始，蕭綽還十分仰賴在朝中舉足輕重的爸爸給予支援；然而，蕭思溫卻在她十七歲的春天，陪同景宗出外打獵時被政敵刺殺。父親的亡故，讓蕭綽頓失依靠，不過堅強的她卻沒有慌亂，反而迅速地成熟起來，很快就能獨當一面，不需要老公的協助也能自己處理好業務。景宗見她越來越能幹，就放心地把事情都交給蕭綽去處理。蕭綽沒有辜負老公的期望，將國家治理得有聲有色。雖然她在景宗的支持下，對朝政大權在握，然而，只要遇到重要的軍國大事，她都會召集大臣們一起討論，綜合各方意見再作出決定。在蕭綽的努力下，遼朝國力蒸蒸日上，朝野上下都對這位年輕的皇后刮目相看，景宗對她也越發信任寵愛，對蕭綽所作的決定，聽完通報後說句「朕知道了」，就隨她去執行。

蕭綽二十三歲的時候，遼景宗傳諭史館學士，說：「此後凡記錄皇后之言，亦稱『朕』暨『予』，並著為定式。」也就是告訴大家，只要是我老婆說的話，就等於是我說的；可見景宗在位時的許多政績，蕭綽占了很大部分的功勞。

踩著北宋演偶像劇

大遼國境南方的北宋在遼景宗即位後曾發兵攻打遼朝，兩次都被輕鬆退回。北宋在景宗在位的第十年消滅了北漢，想趁著勝利之勢進一步伐遼。一聽到北宋又不知自己有幾兩重跑來騷擾，蕭綽便採取誘敵深入的策略以逸待勞，在宋軍覺得自己

勢如破竹而得意忘形之際，才發現已被敵軍包圍，在高粱河會戰中潰不成軍，領軍的宋太宗本人也中箭而逃。隔年，景宗和蕭綽親率大軍伐宋，作為前一年宋軍來犯的報復。由於遼軍進軍神速、兵銳將勇，在宋朝援軍還來不及趕到時，就已擊破宋軍，在瓦橋關之役中大勝，給了宋朝一個教訓。

　　兩年後，病弱的景宗駕崩，帝位傳給十二歲的遼聖宗耶律隆緒，成為皇太后蕭綽才剛滿三十歲。舊王駕崩，新帝登基，趁此之際，諸王宗室兩百多人「一人一把號，各吹各的調」，分別擁兵自重，意圖控制朝廷，擴大自己的影響力。一時之間，沒有外戚可以依靠的蕭綽母子處境堪憂，必須有強力外援協助穩定局面。這時，有兩位大臣來見，一位是北院大王耶律斜軫，另一位是漢將韓德讓。蕭綽向他們說：「我跟孩子無依無靠，而諸王有擁有重兵，但是國家邊防尚未穩固，我應該要怎麼辦？」兩位將軍同聲答覆：「相信我們這些臣子，您還會有甚麼憂慮呢？」於是，蕭綽重用耶律斜軫及韓德讓，讓他們協助主持大局，並派遣耶律休哥保衛南方邊防。韓德讓一方面保護著蕭綽和聖宗母子安全，一方面禁止諸王互相宴會及外出，再漸漸削弱諸王兵權，逐步鞏固中央軍政大權。

　　蕭綽嘉獎了諸多有功之臣以拉攏人心，修改嚴刑峻法，減少貪官利用刑罰來斂財，並興修水利等設施，使農業生產增加，一系列的措施除了使政治安定，也讓百姓得以休養生息。此外，他還進一步訓練軍隊以保障內外安全。

　　聖宗在位第五年，宋太宗耐不得寂寞，再次發師北伐，兵分東中西三路進逼。楊業所率領的西軍聲勢滔天，連戰皆捷；

蕭綽領著聖宗前去援助耶律休哥，大破曹彬率領的東軍，宋軍傷亡慘重。宋高宗聽聞東軍敗報，自覺北伐已經失利，下令全線撤退。西路軍主將楊業撤退時被俘，絕食而死。這次的慘敗再次重挫宋太宗，也使宋朝對遼的軍事策略由戰略轉為防禦，舉國上下瀰漫著恐遼情緒。

經過多年與北宋的交戰，蕭綽早已摸清其軍事實力和君臣怯戰的心理，便於公元1004年出動二十萬大軍，長驅直入北宋腹地兩千多公里，一路攻到了澶州，距北宋都城開封僅一河之隔。在這兵臨城下的危急時刻，諸位大臣勸宋真宗遷都或求和，宰相寇準卻堅持真宗必須御駕親征，兩國君王臨陣廝殺，雙方死傷無數。遼國前鋒大將蕭撻凜遭到射殺，蕭綽聽聞此事後，和諸將泣不成聲。遼軍攻勢受挫，在韓德讓的建議下，蕭綽決定議和。最終，遼宋雙方簽下了著名的澶淵之盟，宋對遼稱弟，每年進貢給遼。隔年，北宋出使遼國為蕭綽祝壽，使她到達人生最高峰，聲名威震整個中原大陸！

除了政治和軍事上的作為，蕭綽和韓德讓的關係也很引人注目。蕭綽十五歲時曾被許配給了二十七歲的韓德讓，兩個人當時早已相好已久，只待早日完婚，孰料隔年蕭綽便成為了皇后。無法履行對韓德讓諾言，讓她心中滿是愧疚。自景宗死後，蕭綽成了寡婦，兩人因而再續前緣，蕭綽先是除去韓德讓的妻子李氏，而後重用韓德讓，使他保護自己跟聖宗，常伴左右。蕭綽曾跟韓德讓說：「我曾經說過要嫁給你，現在願意跟你重修舊好，聖宗還小，你要把他當作自己的小孩看待。」韓德讓確實將聖宗視為己出，而聖宗也把他當作爸爸一樣。

在一次馬球比賽中，韓德讓被貴族胡裡室衝撞，從馬上摔了下來，蕭綽知道後心疼得要命，便處死了不長眼睛的胡裡室。這段超越君臣的關係使兩人受到非議，但他們始終相互扶持，不離不棄。韓德讓也不因為蕭綽的寵信而大亂朝綱，反而在每次國家面對困難時挺身而出，在蕭綽參與的戰役中，韓德讓也總是一同出征，將自己的一生都奉獻給了蕭綽和國家，在蕭綽五十八歲過世那年，他還在遠征高麗路上，此時的他已經七十歲了。隔年，韓德讓重病回返，即將離世前，聖宗帶著皇后來看他。韓德讓死後，聖宗將他葬在蕭綽的墓旁，常伴小燕燕！

附　錄

附錄一：武則天相關影視

電視劇名	首播	武則天演員	簡介
武則天	1984年	馮寶寶	從武則天十四歲進宮演到八十二歲過世，將一代女皇的美麗與智慧、倔強和獨立展現得淋漓極致。
一代女皇	1985年	潘迎紫	描繪一個天真少女在殘酷的宮廷鬥爭中逐漸成長，對武則天的感情經歷和心境變化著墨頗多，把她的性格轉變歸結為嚴峻的環境所造成。
武則天	1995年	劉曉慶	細緻地刻畫武則天的殘忍、淫蕩與心狠手辣，凸顯她為達目的不擇手段的特點。
大明宮詞	2000年	歸亞蕾	主要講述太平公主淒美的愛情故事，側寫武則天後半輩子的生活，將她塑造成一位愛丈夫和家人的賢妻良母，以及勤政愛民的好皇帝。
至尊紅顏	2003年	賈靜雯	演員採用俊男美女，為一齣古裝偶像劇，主要描繪武則天年輕時與李君羨的感情故事。劇中的她從天真善良、富正義感的甜美

The Empress of Tang Dynasty

電視劇名	首播	武則天演員	簡介
			少女，慢慢蛻變為勇敢與智慧兼具的成熟女人。
無字碑歌	2006年	青年：溫崢嶸 中老年：斯琴高娃	是一部為武則天平反，嚴肅的歷史正劇，對她極其推崇與褒揚，充分勾繪出女皇的豪情與霸氣。
日月淩空	2007年	劉曉慶	描述武則天在巴蜀才女謝瑤環的幫助下，逐步鞏固權力進而稱帝，最後被逼退位的故事，展現了她強硬果斷的政治手腕。
武則天祕史	2011年	青年：殷桃 中年：劉曉慶 老年：斯琴高娃	描述武則天的一生，具有濃厚的戲說與野史性質，著重她與李治的感情戲，體現武則天的妖嬈嫵媚的姿態與少女情懷。
唐宮美人天下	2011年	張庭	以高宗時宮中一場大規模的宮女逃亡事件為背景，講述女主角得知恩人王皇后因小公主暴斃一案被打入冷宮，入宮調查真相時，卻捲入了武則天與王皇后的宮廷鬥爭。此劇將武則天塑造成善良又聰慧的女子，癡情於李治的她，為了守護愛人而走向

電視劇名	首播	武則天演員	簡介
			政治舞台，也因此變得沉著堅強。
夢回唐朝	2012年	王力可	以武則天為主角的穿越劇，站在肯定武則天的立場，通過夢境組成兩個平行世界：現實中，女主角因車禍陷入昏迷；在夢裡，她則是青年時的武則天，與同樣潛入夢境的男主角攜手合作，逐步剷除政敵，登基稱帝。
武媚娘傳奇	2014年	范冰冰	主要描繪武則天的感情史，尤其是和李世民的愛情故事，將她塑造成一個善良勇敢、重情重義，卻命運多舛的女子。她總共經歷的四段感情：少女時期與劇中虛構角色李牧是青梅竹馬，無奈情深緣淺；和李世民的愛情極盡曲折纏綿，為此捲入後宮鬥爭，不久李世民就撒手人寰；一直守護武則天的李恪對她一往情深，卻因諸多原因而無法在一起；

電視劇名	首播	武則天演員	簡介
			李治即使背負亂倫罵名，也要與她廝守，但後來卻也先一步離世，以致武則天即使權傾天下，卻仍悲苦孤獨。

附錄二：隋唐成語故事

成語	解釋	典故
推敲推敲	原義是斟酌字句的使用，後也比喻研究或考慮問題。	唐朝的賈島在赴京考試途中，某天晚上行經一片樹林，林中有間寺院，在月光的籠罩下，景色十分雅緻，便吟出了詩句：「鳥宿池中樹，僧推月下門。」第二天騎著驢子趕路時，突然覺得詩中的「推」字用得不好，因為晚上的寺門應該是關上的，恐怕無法推門而入，所以就把「推」改為「敲」。走了一會，又覺得在深幽的月夜裡，忽然傳出一陣敲門聲實在唐突，因此「敲」字也不太妥當；苦惱的他就在驢背上比畫起來。正巧這時大尹韓愈經過，太過投入的賈島沒有注意，韓愈的手下因為他沒有迴避，就把賈島抓到韓愈面前。韓愈問他為什麼在路中間發呆，賈島知道他是大文豪，便請教究竟用「推」好，還是「敲」好。韓愈聽完，回答：「用敲字比較合適。」

成語	解釋	典故
人面桃花	形容女子相貌如桃花一樣明艷動人，也可比喻景物依舊，所愛之人卻已不知去向，令人感傷。	崔護是一位唐朝詩人，某年清明節，他一個人在野外郊游，看見一間被桃花環繞著的村舍，很想進去看看，就敲了門。開門迎接的是一個如花似玉的女子，很親切地接待了他。回去之後，崔護常常想起她，隔年清明節便又跑去那個地方，沒想到卻已是人去樓空。失落的他就在門上寫了首詩：「去年今日此門中，人面桃花相映紅；人面不知何處去？桃花依舊笑春風！」
一事無成	指什麼事情都沒做成，虛度光陰、毫無成就。	唐朝時，有個人當了省郎的官，官運不佳，做什麼事情都不順遂。有一天，他在山野間玩累了，就寄宿在一間寺裡，睡覺時夢到自己碰到一位老和尚，和尚面前有個香爐，煙霧裊裊上升，老和尚對他說：「這香爐中的煙是你許願時留下的，現在你已經做了三世人：第一世你是玄宗時的劍南安撫巡官；第二世是憲宗時的西蜀書記；

成語	解釋	典故
		第三世就是現在的省郎官。」他聽了老和尚的話，覺得自己三世做官都是庸庸碌碌、一事無成，便大澈大悟，不再當官了。
司空見慣	比喻某件事物見多了而習以為常，便不覺有什麼新奇的。	劉禹錫是唐朝時的著名詩人，在長安當監察御史時，因為受人排擠被貶為蘇州刺史，後又被罷官。有一天，他去參加司空李紳辦的宴會，場面非常浩大，還有許多歌舞表演。感慨的劉禹錫便作了首詩：「高髻雲鬟新樣妝，春風一曲杜韋娘；司空見慣渾閒事，斷盡蘇州刺史腸。」意思是這樣的場面李司空見多了，不覺得有什麼，卻讓他這個蘇州刺史傷心欲絕啊！
入吾彀中	比喻別人陷入自己設計的圈套或已在掌握之中。	有一次，唐太宗到御史府視察，看到許多新考取的進士，便非常得意地說：「天下英雄，入吾彀中矣！」

國家圖書館出版品預行編目資料

武媚娘傳奇——稱霸東亞的隋唐帝國／王擎天 著.--
　新北市中和區：典藏閣，2015.7〔民104〕
　　面；　公分

　ISBN 978-986-87443-6-3（平裝）
　1. 隋唐史　2. 傳記　3. 通俗史話
623.8　　　　　　　　　　　　　　　　104009423

典 藏 閣

武媚娘傳奇——稱霸東亞的隋唐帝國

著 作 人 ▌王擎天		美 術 設 計 ▌吳吉昌	
總 編 輯 ▌歐綾纖		封 面 繪 圖 ▌劉 豐	
副 總 編 輯 ▌陳雅貞		內 文 排 版 ▌陳曉觀	
策 劃 主 編 ▌蔡靜慈		特 約 編 輯 ▌洪宜娟、吳欣怡	
			周宣吟、游德輝

郵撥帳號 ▌50017206 采舍國際有限公司（郵撥購買，請另付一成郵資）
台灣出版中心 ▌新北市中和區中山路2段366巷10號10樓
電 話 ▌(02) 2248-7896　　　　傳真 ▌(02) 2248-7758
I S B N　▌978-986-87443-6-3
出版日期 ▌2015年7月

全球華文市場總代理 / 采舍國際有限公司
地址 ▌新北市中和區中山路2段366巷10號3樓
電話 ▌(02) 8245-8786　　　　傳真 ▌(02) 8245-8718

全系列書系特約展示門市
新絲路網路書店
地址 ▌新北市中和區中山路2段366巷10號10樓
電話 ▌(02) 8245-9896
網址 ▌www.silkbook.com

線上pbook&ebook總代理 / 全球華文聯合出版平台
主題討論區 ▌www.silkbook.com/bookclub　　　● 新絲路讀書會
電子書平台 ▌www.book4u.com.tw　　　　　　● 華文網雲端書城
紙本書平台 ▌www.silkbook.com　　　　　　　● 新絲路網路書店

歡迎上擎天部落格瀏覽或討論您的觀點 chintian.pixnet.net

本書由著作人自資出版，委由全球華文聯合出版平台發行。採減碳印製流程並使用優質中性紙 (Acid & Alkali Free) 與環保油墨印刷，通過碳足跡認證。